INNOVACIÓN Y APRENDIZAJE EN LA ERA RED

— *Colección Comunicación e Información Digital* —

INNOVACIÓN Y APRENDIZAJE EN LA ERA RED

Coordinadores

Mª del Carmen Caldeiro Pedreira
Paula Renés Arellano
Mª del Mar Rodríguez Rosell

Autores
(por orden de aparición)

Nilton Marlúcio de Arruda
Carlos Casaleiz Linero
Victoria del Rocío Gómez Carrillo
Ana Isabel Escalona Orcao
María Zúñiga Antón
Rubén Ramos Antón
Isabel Mengual-Luna
Patricia Gutiérrez Rivas
Irene Melgarejo-Moreno
Ana María Martín López
Mª del Carmen Caldeiro Pedreira
Mª del Mar Rodríguez Rosell
Paula Renés Arellano
Ignacio Aguaded Gómez

EGREGIUS
ediciones

INNOVACIÓN Y APRENDIZAJE EN LA ERA RED

Ediciones Egregius
www.egregius.es

Diseño de cubierta e interior: Francisco Anaya Benitez

© Los autores

1ª Edición. 2018

ISBN 978-84-17270-43-8

ÍNDICE

PRESENTACIÓN. Innovación y aprendizaje en la era red 9
Mª del Carmen Caldeiro Pedreira, Paula Renés Arellano
y Mª Del Mar Rodríguez Rosell

CAPÍTULO I. Do pseudo protagonismo à desilusão: como o
Facebook influencia o comportamento dos indivíduos 11
Nilton Marlúcio de Arruda

CAPÍTULO II. El e-learning para el aprendizaje en el espacio
europeo de educación superior. Un estudio en el área de la empresa
2clformaciónpsicológica. 27
Carlos Casaleiz Linero y Victoria del Rocío Gómez Carrillo

CAPÍTULO III. Nuevos entornos para la innovación en el
aprendizaje universitario. Ejemplo de colaboración entre los Grados
de Geografía y Periodismo (Universidad de Zaragoza) 43
Ana Isabel Escalona Orcao, María Zúñiga Antón
y Rubén Ramos Antón

CAPÍTULO IV. Desarrollo de una metodología centrada en el
contexto cercano del alumno: Facebook como fuente de aprendizaje 61
Isabel Mengual-Luna

CAPÍTULO V. La Alfabetización Mediática en la formación inicial de
los docentes: pensamiento crítico y TIC 73
Patricia Gutiérrez Rivas

CAPÍTULO VI. Educar en competencia mediática a través de series
infantiles de animación educativa.................... 87
Irene Melgarejo-Moreno

CAPÍTULO VII. Una actividad colaborativa para la enseñanza y
aprendizaje de la historia contemporánea de España en Bachillerato
usando la fotografía 103
Ana María Martín López

CAPÍTULO VIII. Propuesta de transferencia de investigación sobre
Competencia mediática: Educlips.................... 117
Mari Carmen Caldeiro Pedreira, María del Mar Rodríguez Rosell,
Paula Renés Arellano e Ignacio Aguaded Gómez

INNOVACIÓN Y APRENDIZAJE EN LA ERA RED

En la sociedad multipantalla actual es necesario desarrollar la competencia crítica y la autonomía que nos permiten comunicarnos, para ello, es fundamental el trabajo cooperativo y el cultivo de valores que pueden alcanzarse a través del diseño por parte de los profesionales de la educación de nuevos espacios y entornos de formación. En este marco, la alfabetización mediática se convierte en el estandarte de la formación integral del alumnado tanto de las etapas educativas no universitarias: infantil, primaria y secundaria como de la universitaria.

La escuela, así como aquellas instituciones educativas, deberían comprometerse y formar parte de la sociedad informacional, creando espacios de interrelación social que contribuyan al desarrollo del pensamiento crítico, axiológico y constructivo en la cultura mediática. Por ende, se necesita educación y formación entre docentes y discentes para que puedan pensar sobre sus relaciones con la sociedad informacional así como con la realidad digital actual.

En esta línea se circunscribe este eje, dirigido a los profesionales de educación media (Educación infantil, Primaria y Secundaria) y superior (Universidad), incluyendo investigadores interesados en conocer buenas prácticas que puedan aplicarse en el trabajo diario para introducir los nuevos medios y formas de aprendizaje en el aula.

Mª del Carmen Caldeiro Pedreira
Paula Renés Arellano
Mª Del Mar Rodríguez Rosell

CAPÍTULO I

DO PSEUDO PROTAGONISMO À DESILUSÃO: COMO O *FACEBOOK* INFLUENCIA O COMPORTAMENTO DOS INDIVÍDUOS

Nilton Marlúcio de Arruda

Universidade Fernando Pessoa, Portugal

Resumo

O fenômeno das redes interativas, proporcionado pela invenção da *internet*, tem alterado de maneira significativa a forma como as pessoas passaram a se relacionar em seus ambientes digitais. No que se refere especificamente ao *Facebook*, a sociedade convive com um modelo de comunicação social no qual o próprio utilizador atua como produtor de conteúdos. Percebe-se, ainda, uma espécie de falsa promessa de protagonismo que tem levado as pessoas a saírem do anonimato e a se posicionarem de forma bastante diferente do que o fariam em situações de relacionamento presencial. O objetivo deste artigo é analisar o comportamento dos usuários do *site* de relacionamento *Facebook*, a partir da leitura de perfis e conteúdos compartilhados através da ferramenta. Para tanto, realizou-se um acompanhamento das ações *on-line*, durante um período de três meses, com evidência para eventos de grande repercussão e com forte reação popular. Em outra vertente investigativa, foram entrevistados 170 estudantes portugueses de jornalismo a fim de identificar seus hábitos nesta plataforma. De posse do material coletado, a proposta foi tentar compreender importantes aspectos de um relacionamento virtual. Posicionamento em situações de conflito, preservação dos laços familiares diante de choques de opinião, gerenciamento de crises, nível de exposição do usuário, riscos para a própria imagem em oportunidades de trabalho são alguns dos pontos observados na pesquisa de campo.

Palavras chave

Redes Sociais, comportamentos, narrativas, relacionamento, virtualidade.

Introdução

A popularização da *Internet*, a proposta concreta da interatividade nas redes sociais e a possibilidade real de produção de conteúdos no *Facebook* têm proporcionado uma verdadeira revolução na forma com que as pessoas praticam a comunicação e gerem seus relacionamentos. O utilizador *on line* passou rapidamente da limitação da leitura passiva ao poder de compartilhar e distribuir assuntos da própria autoria. Neste contexto, informação e entretenimento misturam-se na forma de notícias e são disseminados de maneira indiscriminada e sem controle.

Nada tão grave em se tratando de um ambiente caracterizado pela liberdade de expressão, transparência e instantaneidade. Algo bastante preocupante, no entanto, quando se considera o impacto destes conteúdos nos receptores na medida em que não há garantia nenhuma da veracidade do que foi postado. Conseqüente motivo de alerta para o fenômeno da proliferação das mensagens, através da qual os mesmos receptores também repassam aquilo que receberam sem, sequer, checarem dados e fontes da postagem.

Quando restrita ao ambiente das relações pessoais esta realidade pode não ser considerada tão catastrófica. Mas, se este modelo de relacionamento virtual transforma-se em tendência na prática jornalística, cabe uma reflexão sobre seus impactos no leitor digital. Numa combinação entre juventude, futuros jornalistas e utilização intensiva do *Facebook*, a forma com que notícias factuais estão sendo tratadas põe em pauta uma discussão sobre o fenômeno das redes sociais.

Vive-se numa era de "embriaguez dionisíaca", conforme a crítica de Lipovetsky e Serroy (2010). Um misto de vaidade e de necessidade de protagonizar-se pode levar o sujeito comum a uma exposição considerada perigosas, para o próprio e seus seguidores. Trata-se, segundo estes autores, de uma espécie de "apetite da novidade constante" que, em sintonia com a urgência de se publicar, contribui para a banalização de conteúdos nas *time lines* dos usuários.

Paradoxalmente, o que se vê é um encontro entre o excesso de informação e a carência de significados. Ou seja, telas repletas de novidades por segundo e multiplicação sem limites geográficos ao mesmo tempo em que falta consistência em grande parte dos conteúdos que são compartilhados diariamente nas redes sociais, em geral, e no *Facebook*, especificamente. Os hábitos de jornalistas portugueses em formação em complemento à análise de perfis e reações de jovens em momentos de crises revelam um risco de desinformação generalizada em épocas de transparência e proliferação de compartilhamentos e postagens virtuais.

Objetivos Gerais

Analisar comportamentos dos jovens no *Facebook* é o objetivo principal desta investigação. Como objetivos secundários, que suportam o objetivo geral, o trabalho consistiu em identificar neste *site* de relacionamento as seguintes situações: atitudes de estudantes de Ciências da Comunicação (Jornalismo), reações individuais a partir de seus perfis e correlação com episódios recentes de grande impacto.

O público alvo para o alcance destes objetivos foi formado por pessoas entre 18 e 25 anos de idade, estudantes de jornalismo em início do curso de licenciatura e portadores de perfil no *Facebook* há pelo menos três anos. Ainda de acordo com os objetivos do trabalho de pesquisa, a intenção foi evidenciar a questão da notícia em relação ao ambiente *Facebook*, visto tratar-se de algo relevante, que é a relação entre informação e entretenimento.

Método

Por meio de metodologia quantitativa, foram utilizados inquéritos e análises estatísticas para investigar as diferentes formas de atuação dos jovens na plataforma de relacionamento *Facebook*. Foram entrevistados 170 jornalistas em formação, estudantes de quatro universidades portuguesas localizadas na cidade do Porto. O questionário mensurou quanto tempo é dedicado por dia à ferramenta, os hábitos de participação (leitura, curtidas, reações, partilhas e postagens), a relação com a notícia (busca, leitura, compartilhamento, publicação) e o tipo de notícia preferida (polícia, política, entretenimento, assuntos pessoais).

Em paralelo, foram analisadas dezenas de perfis com a finalidade de identificar reações dos usuários em situações noticiosas de grande apelo popular. Sem identificar os autores, a amostra analisou as reações virtuais em comparação aos resultados apurados nas entrevistas com os estudantes de jornalismo. A motivação para efetuar este trabalho surgiu a partir de alguns episódios com destaque na esfera política e social, em função dos quais o nível de conflitos entre as postagens pareceu crescer de forma significativa. A campanha presidencial norte-americana de 2016, o tumultuado processo de *impeachment* da presidente do Brasil no mesmo ano, a crise de imigração dos refugiados da guerra na Síria a partir de 2015 são exemplos de eventos que provocaram discussões mais acaloradas através do *Facebook*.

Resultados

Os resultados obtidos nas duas investigações para a elaboração deste artigo serão apresentados em tópicos distintos. No primeiro, estão detalhadas as percepções dos estudantes de jornalismo quanto à utilização da plataforma *Facebook*. No segundo tópico, serão apresentadas as análises dos perfis dos jovens que foram estudados quanto às suas reações em situações de conflito e desentendimento.

Jornalistas do futuro nas redes do presente

Dos 170 estudantes entrevistados, 65% são mulheres e 35% homens, com idades entre 18 e 20 anos (94%) e 23 e 25 anos (6%). Entre os pesquisados, 82% estão no primeiro ano da faculdade e 18% já passaram para o segundo período. Em relação ao tempo diário dedicado ao *site*, 47% declararam passar mais de quatro horas, 41% ficam até duas horas, 6% gastam cerca de três horas e mesmo percentual para quatro horas.

No *Facebook* todos lêem e reagem aos conteúdos postados. Comentários são feitos regularmente por 53% deles, enquanto que 47% também partilham e 29% publicam suas mensagens. Destas postagens, 56% são sobre assuntos pessoais (fotografias, pratos preferidos, lazer, viagens, etc) e 44% são notícias factuais. Das noticias compartilhadas, 65% são de entretenimento, 15% são sobre desporto e 10% sobre política. Outros 10% declararam nunca postar nada na plataforma.

O *Facebook* tem se caracterizado também como um *site* para busca de notícias. Segundo o *Digital News Report 2017*, produzido pelo Instituto Reuters para o Estudo do Jornalismo, este ano em Portugal, mais de 54% declararam consultar informação noticiosa nesta plataforma. Em 2016, 67% já tinham o hábito de atuar como utilizadores, ou seja, repercutiam as notícias em seus grupos de relacionamento virtual.

Perguntados especificamente sobre noticiários no *Facebook*, os estudantes de jornalismo entrevistados confirmaram que a prática não é diferente entre eles. Assim, apenas 18% declararam que apenas lêem e em pouco volume, pois não consideram o espaço ideal para publicação de "notícias de jornal". Já 82% dos estudantes usam o *site* para buscarem notícias e as lêem muito. Destes leitores assíduos, 64% costumam compartilhá-las em seus grupos.

Mas que espécie de notícia é compartilhada no *Facebook* pelos estudantes de jornalismo de Portugal? Eis a resposta: 65% das notícias pesquisadas são sobre entretenimento, 41% abordam os desportos, 17% falam da política no país e no mundo e igual percentual para a cobertura policial.

Os jovens e seus conflitos em tela pública

"Classe C não usa *Facebook* para mobilização política, mas a rede motiva o jovem pobre a ler e escrever". A declaração do antropólogo Juliano Spyer, em entrevista ao jornal espanhol *El País*, em 25/11/2017. Em seu mais recente trabalho no Brasil, ele passou uma temporada de 15 meses numa região do interior do país, onde se inseriu nas redes sociais de uma comunidade com aproximadamente 15 mil habitantes, a fim de "compartilhar os dramas sociais, enredos amorosos e memes da paisagem real e virtual, tanto pública quanto privada". Spyer é autor do livro *Social Media in Emergent Brazil*, obra que faz parte de série de universidade britânica que mergulha no cotidiano digital de nove países e retrata como um povoado usa e incorpora as redes sociais.

Protestos da Primavera Árabe (2010/11), *Occupy Wall Street* nos Estados Unidos (2011), a vitória do *Brexit* no Reino Unido (2017) e violentas manifestações no Brasil (2013) são retratados pelo antropólogo como de grande efervescência nas redes sociais. Sobre os episódios brasileiros, o autor os analisa a partir de duas categorias de públicos: classe C e intelectuais de classe média. Os primeiros não abordaram estes assuntos nas redes sociais, segundo o autor por não acreditar nos seus efeitos junto dos políticos. Os demais abusaram do "tiroteio virtual". Assim, estão explícitas as diversas facetas do mundo virtual e como os jovens convivem com esta realidade.

Discussões sobre religião, racismo, política e futebol são os temas que mais provocam alteração de comportamento no *Facebook*, conforme resultado das análises dos discursos em 60 perfis individuais. Uma disputa entre pessoas declaradas cristãs e outras assumidas como muçulmanas rendeu quatro dias seguidos de acalorada polêmica e troca de acusações, gerando 112 comentários entre 26 membros da rede, com direito a réplicas e tréplicas. O tom nada amigável dava ênfase a denúncias de pedofilia, corrupção e violência.

O episódio em que um homem preto foi apontado injustamente como autor de um furto num *shopping Center* motivou longas trocas de acusações. A dureza das palavras e a gritaria em letras maiúsculas demonstraram uma mistura completa de desinformação, ignorância e preconceito. A partir de discursos deste tipo, a violência foi o ponto constante de toda a troca de insultos: 86 comentários entre 22 membros. No futebol, sempre que há jogos decisivos entre clubes de grandes torcidas a rede fica recheada de polêmicas e troca de palavras nada gentis.   Por exemplo, 72 interseções foram mapeadas numa só noite após uma final de campeonato por conta de um suposto erro da arbitragem. Até ameaças de violência física e propostas de marcação de encontros para "resolver na briga" foram digitadas num grupo por 21 participantes.

Decisões de governos e divergências partidárias também levam as pessoas a se agredirem verbalmente no *Facebook*. Foram 68 postagens agressivas entre 36 membros de um grupo durante três dias por conta de uma denúncia de corrupção contra um determinado partido político. As conversas extrapolam os aspectos ideológicos e, carentes de argumentações bem embasadas, avançam para insultos e comentários pejorativos.

Nos contatos presenciais, no entanto, a agressividade parece controlada. Ou seja, alguns destes indivíduos foram acompanhados de perto e sem aviso durante o período de brigas nas redes. Não apenas nenhuma evidência de agressão física foi registrada, como também o tom das palavras foi mais cuidadoso. Esta observação remete a outro ponto importante da análise que diz respeito à associação entre popularidade *off-line* e número de amigos ou seguidores *online*. Seja nas discussões pontuais e mais acaloradas ou na convivência de rotina, os jovens demonstram buscar nas redes um acolhimento que talvez não encontro nas relações presenciais. Consideram aspectos como prestígio, reconhecimento e abrangência de contatos. Uma espécie de protagonismo, na verdade.

Discussões teóricas: *Facebook* e jornalismo: pontos em comum

Os resultados da pesquisa com estudantes de jornalismo e a análise dos perfis de jovens no *Facebook* permitem uma comparação com o noticiário dos dias de hoje. Seja pela urgência em disponibilizar informação em tempo real ou diante da necessidade de exercer uma espécie de protagonismo. Há em comum um excesso de dados e, ao mesmo tempo, percebe-se uma diferença quanto aos critérios de apuração, redação, confirmação de fontes e, principalmente, responsabilização pelos conteúdos publicados. Cabe, então, rever o papel do jornalismo neste contexto, seu potencial de transformação da realidade e os riscos deste exercício por pessoas que não são profissionais da área.

Assim, este poder transformador do jornalismo, no entanto, quando utilizado pelo leitor para satisfazer seu desejo de protagonizar-se, pode provocar graves conflitos do ponto de vista social e de relacionamento. Lipovetsky e Serroy (2010: 285) destaca que "os indivíduos, hoje, fotografam e filmam ininterruptamente o seu ambiente: tudo, hoje em dia, do mais dramático ao mais anódino, é matéria do cinema digital". E do jornalismo autônomo também. E esta espécie contemporânea do "eu repórter" - mais um fator de complicação para o exercício do jornalismo junto à sociedade – encontra nas imagens seu ponto forte de disseminação de informações, apuradas ou não; verdadeiras ou não.

Desta forma, diariamente chega ao público um considerável volume de informação das mais variadas fontes e formas de produção. Segundo Cardoso (2013: 33), "os conteúdos – sejam eles informação ou entretenimento – mudaram graças à presença de conteúdos produzidos pelos utilizadores".

Trata-se, na verdade, de uma produção caracteristicamente mais customizada, "e não apenas pela esfera corporativa em si, afirmando-se a coexistência de diferentes modelos de informação para diferentes audiências".

Lipovetsky e Serroy (2010: 253) vai ainda mais fundo quando aborda a proliferação da oferta de mídias e o crescimento da comunicação informatizada. Segundo o autor, cada vez mais os indivíduos têm acesso aos meios de forma hiperindividualista, conforme "seus gostos, os seus humores e os seus tempos próprios". Trata-se, então, de uma lógica do espectáculo, que "prossegue e até se amplifica". Ou seja, o período dos *massmedia*, numa comunicação piramidal com sentido único, que alimentou a teoria do espetáculo; "dá lugar cada vez mais a um sujeito interativo, a uma comunicação individualizada, autoproduzida e fora do espaço comercial".

Diante do século que se confirma como o do "ecrã omnipresente, e multiforme, planetário e multimediático", conforme Lipovetsky e Serroy (2010), entende-se que é fundamental ressaltar o empoderamento cada vez maior dos utilizadores nossos de cada mídia. Se, antes, esse sujeito estava refém de uma grade programática e de um intermediário para receber sua informação preferida, após a invenção das redes sociais interativas ele atua como produtor de conteúdos. Ou seja, a sociedade da informação passou da primeira tela (recepção passiva de conteúdos) para a segunda tela (cada indivíduo monta a sua própria grade de programação *on demand*) e, posteriormente, para a terceira tela (o utilizador interfere na preparação de material a ser disseminado).

Do modelo tradicional dos meios de comunicação de massa, onde diversos milhões de espectadores recebem simultaneamente uma mesma mensagem, ao livre acesso a conteúdos informacionais pelos próprios utilizadores ativos; o jornalismo contemporâneo debate-se com desafios intermináveis. Para Lipovetsky e Serroy (2010: 253), o ecrã proporciona a esse utilizador ativo navegar nos sites, comentar dados institucionais, comparar preços etc. Pelo ecrã, o sujeito "se torna fotógrafo e repórter amador", evidencia o autor, ao falar de uma nova forma de experimentar a comunicação que era, até então, essencialmente unilateral.

Neste aspecto, que envolve dinamismo e instantaneidade, a informação vai encontrar um enorme suporte nas imagens, visto que sua utilização não apenas amplia o poder de atração do leitor como também facilita a ilustração de fatos e de versões. O exagero, no entanto, pode levar facilmente ao sensacionalismo ilustrado, o que nem sempre representa a cobertura documental de uma ocorrência.

A inspiração que pode vir do grande ecrã e do jornalismo

Noticiar é, portanto, evidenciar fatos e acontecimentos. Ou, ainda, protagonizar: eis o verbo de todos os dias do jornalismo. E diante da necessidade cada vez mais pessoal de um protagonismo em alta – e em pauta -, a imagem se confirma como a grande plataforma de sustentação de uma espécie de narcisismo da sociedade. Teria o jornalismo contemporâneo caído na armadilha de se tornar palco para que o leitor realizasse seu momento de fama? Se verdadeira, tal hipótese encontra no trabalho da mídia um incentivo – equivocado - à fantasia e à superficialidade.

Cabe, então, um paralelo com o mundo do cinema, onde o ecrã gigante se constitui como o espaço da exposição e do narcisismo. Lipovetsky e Serroy (2010: 76) não poupam críticas ao fenômeno da hipermodernização, pelo qual a sociedade vem passando nos últimos 30 anos, e que influenciou diretamente o cinema. Dadas as proporções, a análise também adéqua-se ao mundo das telinhas: *mobiles*, *tablets* e similares portáteis. Na medida em que a sétima arte criou no espectador o "apetite da novidade constante" - a exemplo dos *spots* publicitários, do *videoclip* musical e da televisão -, esse espectador "tornou-se um hiperconsumidor", ávido por "mais emoções, mais sensações, mais espetáculos, mais coisas para ver para não bocejar e para sentir sem parar".

Dessa espécie de "neo-espectador, que tem necessidade de explodir", o autor vê surgir, portanto, demandas de entretenimento e de informação, que o leve a "destroçar-se nas imagens". O que ele chama de "embriaguez dionisíaca" conta com o cinema – e com o jornalismo também – para encontrar alternativas à "banalidade dos dias". Trata-se, segundo o autor, de "uma droga ao mesmo tempo hipnótica e exaltante". Aquilo que a arte cinematográfica analisa estrategicamente, o jornalismo, no entanto, parece banalizar.

Em se tratando de conteúdo informacional, pode-se estar diante de um processo de simplificação, no qual a utilização pouco criteriosa da imagem traz significativa contribuição. E são os próprios Lipovetsky e Serroy (2010: 286) quem questionam "a que se deve este frenesim de imagens?". Na crítica direta que os autores fazem à "democratização dos desejos de expressão individual", é possível se reconhecer a atuação do jornalismo contemporâneo a alimentar a valorização da atividade pessoal. E também dos "repórteres" anônimos, aqueles indivíduos empoderados pelo Facebook que andam a comentar, compartilhar e publicar conteúdos que nem sempre receberam o tratamento devido enquanto informação.

Lipovetsky e Serroy (2010: 286) afirmam categoricamente que "o individualismo hipermoderno não é somente consumista", pois procura também "reconquistar espaços de autonomia pessoal", numa construção que se apropria do que está fora, para colocar o mundo em imagem e em cena, "um pouco à maneira de um repórter, de um fotógrafo, de um cineasta". Esta tendência clara de protagonizar-se e que vem sendo uma prática crescente pode ser observada tanto nos cidadãos comuns quanto naqueles que já escolheram a profissão de jornalismo para exercer. Conforme mostra a pesquisa (detalhada nos resultados acima), tal situação traz ainda mais preocupações com relação ao tratamento que se tem dado às notícias.

As semelhanças entre o cinema e o jornalismo ficam ainda mais evidentes quando se fala das formas de narrativa. Se, ao contar histórias, o cinema exerce uma de suas grandes funções junto à sociedade; o jornalismo faz da narrativa seu ponto de encontro com o leitor. Mas, tanto para um quanto para o outro, a realidade da recepção mudou radicalmente nas últimas décadas. A televisão, o DVD e a possibilidade concreta do download interferem diretamente na forma de acesso ao entretenimento e à informação. Lipovetsky e Serroy (2010: 295), no entanto, preferem ressaltar que, embora tenham mudado "os hábitos de consumo", o cinema continua a "reunir os espectadores em torno de um espetáculo". O jornalismo, por sua vez, o faz em torno do noticiário.

Destes espaços midiáticos (cinema e jornalismo) para as redes sociais (*Facebook* principalmente), percebe-se que as narrativas recebem outro contorno, num formato mais próximo do *storytelling*. Ou seja, o estilo do contador de estórias parece bastante adequado aos utilizadores daquele *site* de relacionamento em função da multiplicidade e da diversidade de assuntos a serem narrados neste formato. Basta, portanto, rever o que aponta a pesquisa com os jornalistas quanto à publicação e ao compartilhamento de assuntos pessoais (fotografias e hábitos, por exemplo) e de entretenimento. Estes conteúdos, porém, são disseminados junto com as noticiais, o que pode comprometer de maneira significativa a veracidade dos fatos. Ou seja, entre estórias pessoais e repercussão de informações noticiosas não se percebe nenhuma diferença no ambiente *Facebook*. Mesmo quando utilizado por futuros jornalistas.

De volta ao cinema. Para conseguir a adaptação aos novos perfis dos telespectadores, os filmes investiram em conteúdos audiovisuais, cujo espírito "apoderou-se dos gostos e dos comportamentos quotidianos". Lipovetsky e Serroy (2010: 24) afirmam, então, que "os ecrãs dos telemóveis e das câmaras de vídeos conseguiram difundir o gesto do cinema à escala individual". Assim, o ato de filmar, enquadrar, visionar, gravar os movimentos da própria vida vem tornando as pessoas em "realizadores e atores de cinema de nível quase profissional". Ainda que mais longe das salas de projeção, as pessoas se aproximam do mundo do cinema quando tentam lhe imitar no seu dia a dia. Exemplo para o jornalismo diante do "eu repórter"?

Da grande tela para as páginas dos jornais, eis a inspiração para se superar o desafio mais urgente: adequar-se aos novos costumes do seu público. Ao preencher uma função "narrativa-expressiva-onirica", o cinema "constrói uma percepção de mundo", o que o autor chama de "cinevisão". O jornalismo, por sua vez, tenta diariamente traduzir a realidade para o leitor. Em tempos cada vez mais interativos e participativos, espera-se do jornalismo uma contribuição ainda maior: criar sentido na mente do leitor. Ou, ainda, contribuir de maneira educativa para que o leitor cidadão – anonimamente - possa atuar no mundo em que vive, exercitando seu protagonismo de forma mais contundente do que meramente visual.

Mas o anonimato e o protagonismo não teriam aspectos motivacionais paradoxais? A resposta, entretanto, vai depender das intenções do indivíduo quanto à sua forma de atuação e intervenção na sociedade onde está inserido. Se seus objetivos são particulares e individuais ou de ordem coletiva e comunitária. Para o jornalismo, portanto, o certo é reconhecer seu poder de influência e persuasão sobre o cidadão e atuar de forma a ajudá-lo a exercer seu protagonismo em defesa dos interesses comuns. Uma questão de cidadão e profissionalismo.

Todo jornalista é um cidadão e, como tal, tem um compromisso com a sociedade enquanto exerce sua profissão. Por outro lado, nem todo cidadão é um jornalista, embora muitos estejam atuando como tal, em função das facilidades tecnológicas e das atrações "dionisíacas" que as redes sociais oferecem. Neste aspecto, cabe a responsabilização pelos conteúdos disseminados, da mesma forma que em relação aos publicadores. Afinal, há que se preservar o compromisso com o individuo que recebe estes conteúdos.

Conforme Lipovetsky e Serroy (2010: 303), "o universo dos ecrãs trouxe ao homem hipermoderno menos o reinado da alienação do que uma nova capacidade de recuo crítico". Naquilo que ele classifica como mais a "singularização do que a gregarização dos rebanhos", o jornalismo bem que pode se inspirar. Da mesma forma na consideração feita por Barthes (1990: 45) sobre o mundo do sentido total que está "dilacerado de uma maneira interna (estrutural)", atribuindo tal situação à narrativa produzida pela comunicação de massa.

Esta linha de raciocínio – de certa forma, contra a comunicação - encontra respaldo em Perniola (2004: 11) que acusa a comunicação de massa de investir, todo o tempo, na inconseqüência, na retratação e na confusão. A *mass media*, segundo ele, "substitui a educação e a instrução pelo *edutainment*, a política e a informação pelo *infotainment* e a arte e a cultura pelo *entertainment*". Sua crítica vai além, pois responsabiliza a área de comunicação pelo surgimento de um fenômeno chamado *democratainment*: "Como fala diretamente ao público, tudo isso tem, de resto, uma aparência muito democrática". Embora, na opinião do autor, não o seja verdadeiro, visto que "a comunicação procura dissolver todos os conteúdos".

Em resumo ao que pensa sobre a comunicação, Perniola (2004: 91-92) diz:

O que eu acho particularmente desconfortante e aviltante no fenômeno da comunicação de massa não é tanto a prática sistemática de desinformação sem o carácter faccioso e tendencioso das suas mensagens, que são modeladas pela publicidade, nem sequer a ausência de espírito crítico do público, que o torna facilmente manipulável e vitima de maquinações e embustes. Nada disso é novidade: desde sempre que vencer é, antes de tudo, convencer, assim como o recurso à violência sempre foi a excepção e não a regra. Mas há na comunicação algo de novo e de inédito com respeito á retórica, à propaganda e à publicidade que não é, com efeito, o facto de transmitir e imprimir convicções na mente do público, e ainda menos o de infundir nos espíritos uma fé ou uma ideologia dotada de identidade e de estabilidade (como eram o comunismo, o fascismo, o socialismo, o liberalismo, etc.). Pelo contrário, o objectivo da comunicação consiste em facilitar a aniquilação de todas as certezas e em empreender uma transformação antropológica mediante a qual o público se tornou uma espécie de tabula rasa extremamente sensível e receptiva mas incapaz de reter para além do momento da recepção e da transmissão o que nela foi escrito. Paradoxalmente, o público da comunicação tem total consciência de transmitir e receber aqui e agora, mas não tem memória nem inconsciente. Isto permite que os poderosos façam e desfaçam conforme o proveito do momento sem que fiquem obrigados ao que quer que seja. Assim se despedaça o ligame entre a seriedade e a eficácia, entre a coerência e o êxito, sobre o qual foi construído o mundo moderno (e não só este!).

A falar, de novo, do grande ecrã – e do escurinho das incertezas -, Lipovetsky e Serroy (2010: 139) apontam o crescimento do documentário como uma das formas para o cinema se reinventar, pois o mesmo responde ao desaparecimento das grandes referências coletivas "do bem e do mal, do justo e do injusto, da direita e da esquerda, assim como ao desaparecimento das grandes visões para o futuro". Longe das ideologias macro, que apontavam o sentido da história, o cinema faz das realidades micro e macro do mundo humano-social a representação de uma nova dignidade.

E mais uma citam-se as "telas" – da sétima arte e do jornalismo – que demonstram ter algo em comum. "Órfãs das ideologias heróicas, as nossas democracias tornaram-se, ao mesmo tempo, democracias de desorientação, de insegurança e de decepção", afirma o autor. Assim, num "contexto de desestabilização das referências e de vazio ideológico", os documentários substituem os sistemas de interpretação global, oferecendo "pequenas ilhas de terra firme e sólida que tanta falta fazem aos nossos contemporâneos". Nos ambientes virtuais anônimos, estes tipos de conteúdo têm sido motivo de conflitos e desentendimentos entre pessoas próximas, inclusive. O anonimato das pequenas telas e o distanciamento físico do outro parecem permitir um exagero no tratamento dos assuntos, o que pode levar a discussões desagradáveis.

No campo do jornalismo, esta interpretação induz à reflexão sobre a necessidade de se resgatar o seu papel de agente de transformação da sociedade. E qual o primeiro passo, portanto? Certamente que o jornalismo deve investir na criação de meios que lhe permitam contribuir para a construção de um sentido na mente do leitor. E que caminho ou metodologia deve escolher? Literacia da mídia. Segundo Cardoso (2013: 55), o papel revelador da imprensa contrasta fortemente com a fraca promoção de um "entendimento legível e acessível aos utilizadores, que afeta a utilização, promovida no quadro da previsibilidade, dentro de ecossistemas mediáticos controlados". Ou seja, o jornalismo tem poder de convencimento e de influência, mas não tem se mostrado capaz de empoderar e mobilizar o seu leitor.

Para o autor (2013: 48), uma noção de literacia crítica para os *media* assemelha-se "inquestionavelmente a um processo de responsabilização do eu e do outro na perpetuação do ato comunicacional, de reconhecimento mútuo". E ele reconhece no jornalismo a existência da "condição fundamental para quadros relacionais sãos, democracias participadas e sociedades civis sólidas", através da produção de conhecimento e da capacitação dos indivíduos. "Trata-se, cada vez mais, de abrir os olhos, de entrar sob a superfície das aparências, combater os meios publicitários com a verdade, para benefício do cidadão consumidor", conclui. Visão mais cidadã que meramente mercadológica. Uma questão bastante pertinente aos "novos jornalistas de ocasião", empoderados e motivados pelos apelos *facebookianos* dos dias de hoje.

Seja nas artes – mais especificamente no cinema – ou na comunicação social – de massa, principalmente -, o fenômeno da persuasão tende a ser bem sucedido ou não de acordo com o nível de aceitação do público. O autor ressalta, então, que a imagem-excesso vem ilustrar a situação de uma sociedade onde os indivíduos são "vitimas ou escravos de um universo desestruturado, feito de liberdades e de estímulos inumeráveis". Segundo Lipovetsky e Serroy (2010: 79), vive-se uma época histórica patogênica que ele intitula "hipermodernidade individualista", em cujo contexto "proliferam os temas e imagens das anomalias paroxísticas".

A persuasão tem sido percebida tanto nos meios de comunicação de massa quanto nos ambientes virtuais. Nestes, a tentativa de convencimento parece motivada por aspectos ideológicos também, além daqueles interesses comerciais (de empresas e de indivíduos). Além desses elementos, tem-se outro fator crítico presente na elaboração, compartilhamento e disseminação de conteúdos na plataforma *Facebook*. Trata-se da violência cotidiana.

A respeito da utilização exagerada da violência pelo cinema, Lipovetsky e Serroy (2010, p.83) justificam dizendo que "o mundo contemporâneo é violento", visto que o ecrã integra a sociedade em linguagem própria. Se a prática artística é conseqüência do comportamento social, este raciocínio deve ser imediatamente aplicado ao jornalismo e às redes sociais dos nossos dias. "As imagens carregam toda uma agressividade feita para criar um efeito-choque", afirmam os autores. No entanto, os efeitos na mente do público serão determinantes para que ele faça a sua construção de sentido sobre tudo o que recebe de informação.

Não se pode, portanto, ignorar os resultados que ocorrem ao leitor ou espectador deste processo de comunicação. Os próprios Lipovetsky e Serroy (2010, p.85) defendem que "para um espectador que esteja moldado, socializado, alfabetizado, de certa maneira, pela imagem, o espetáculo da violência foi inicialmente sentido como um elemento extraordinário", o que teria provocado nele um "impacto tanto mais forte quanto mais rara era aquela violência". Mais grave, no entanto, é o que ele chama de proliferação, ou seja, "a violência apanhada numa escalada exponencial de fins sensacionalistas".

Conclusão

As facilidades de acesso à informação e o excesso de conteúdos disponíveis não representa necessariamente que se esteja diante de uma sociedade bem informada e repleta de sentidos sobre aquilo que recebe, lê, comenta e repassa. Constatação que, por sinal, mostra-se bastante adequada à prática do jornalismo contemporâneo e ao fenômeno das interações no *site* de relacionamento *Facebook*. As conclusões recolhidas das duas amostras (entrevistas com 170 estudantes de jornalismo de Portugal e análise de discurso a partir de postagens de jovens na plataforma) justificam tal consideração e entendimento.

Mesmo no campo das notícias, são os assuntos de entretenimento que mais têm atraído os futuros jornalistas portugueses. Resgatando-se um dado da pesquisa, 65% das notícias compartilhadas por futuros jornalistas são sobre entretenimento. Já nas mensagens de carácter pessoal percebe-se também entre eles, um apelo maior para suas conversações nas redes virtuais. De acordo com a pesquisa, 56% das postagens dos entrevistados têm como motivação os assuntos pessoais (fotografias de amigos, viagens, gastronomia, consumo de bens, etc.). Muito pouco, pode-se considerar, para a realidade da era do conhecimento, em plena expansão das formas interativas e colaborativas de comunicação entre as pessoas. Tecnologia de ponta parece não garantir conteúdos de qualidade e transformadores.

Diante de situações emblemáticas e polêmicas da atualidade, os habitantes do mundo *on line* sugerem uma falta de sentido para tudo o que está acontecendo com a sociedade. E, muitas vezes, o tratamento que é dado a tragédias, por exemplo, não difere em nada da forma como se compartilham anedotas e assuntos de divertimento. O mais recente processo eleitoral norte americano, os conflitos migratórios na Europa e as crises políticas na América do Sul e na região do Mar Mediterrâneo são exemplos do que está acontecendo.

O fim da fronteira entre publicadores e leitores de conteúdos proporciona o risco da falta de qualidade e veracidade de informações e fontes. O surgimento e o empoderamento da figura do utilizador (aquele que repercute as mensagens que recebe e busca nas redes sociais) têm de positivo a ampliação do fluxo das informações. Sempre e para todos. Democracia. A ausência de um moderador, no entanto, pode contribuir para a desinformação num ambiente caracterizado pelo excesso de informação. Assim, há que se refletir sobre esta realidade. Antes mesmo de se curtir, comentar, partilhar ou postar. O compromisso com o que diz e o respeito ao outro que recebe devem estar nas redes e nas pautas da comunicação.

Referencias bibliográficas

Cardoso, Gustavo. (2013). A sociedade dos ecrãs. Sociologia dos ecrãs, economia da mediação. Lisboa: Tinta-da-China.

Lipovetsky, Gilles e Serroy, Jean. (2010). O ecrã global. Lisboa: Edições 70 (Coleção Arte & Comunicação).

Perniola, Mario. (2004). Contra a Comunicação. Lisboa: Teorema.

Spyer, Juliano (2017). Social Media in Emergent Brazil : How The Internet Affects Social Mobility. Londres: UCL Press.

Jornal impresso

Marreiro, Flávia. (2017). Redes Sociais. Brasil. Jornal El País. Edição de 25/11/2017.

Internet

Digital News Report (2017). Instituto Reuters para o Estudo do Jornalismo. Recuperado de www.digitalnewsreport.org/survey/2017/portugal-2017/, em 30/11/2017.

CAPÍTULO II

EL E-LEARNING PARA EL APRENDIZAJE EN EL ESPACIO EUROPEO DE EDUCACIÓN SUPERIOR. UN ESTUDIO EN EL ÁREA DE LA EMPRESA 2CLFORMACIÓNPSICOLÓGICA.

Carlos Casaleiz Linero
Universidad de Málaga, España
Victoria del Rocío Gómez Carrillo
Universidad de Málaga, España

Resumen

El uso de las tecnologías de la información y comunicación (TIC), especialmente los Learning Management Systems (LMS), posibilitan ampliar la docencia más allá de las fronteras de una formación reglada. El uso de los LMS podría posibilitar el diseño de entornos virtuales de aprendizaje (EVA) innovadores, colocando al estudiante y/o profesional en el centro del proceso educativo y de formación continua. Para que esto ocurra el EVA debe considerar diferentes aspectos, siendo primordial un cambio metodológico para pasar de un método tradicional centrado en el contenido y el profesorado, a uno centrado en las E-actividades y en el estudiante. En este sentido con el diseño de un espacio propio de enseñanza/aprendizaje desde 2 CL formaciónpsicológica (de reciente creación) se ha optado por un enfoque holístico y sistémico, como elementos claves para su modelo educativo en miras de formar o especializar a una ciudadanía profesional en las áreas de psicología, educación y psicopedagogía. El indicador utilizado en el análisis es un índice de distribución que establece el porcentaje de estudiantes matriculado y que posteriormente presentará dicha formación para que se le reconozcan los créditos en sus facultades de la Universidad de Málaga. El objetivo es visibilizar la necesidad de formación de tipo complementaria y/o especializada que se obtiene por este medio virtual y que luego será también valorada por la Universidad. Por tanto, con este trabajo se presenta una propuesta de un EVA centrada en el estudiante, para lo cual el diseño está centrado en las E-actividades, para la formación paralela del alumnado universitario. Tras el análisis de los resultados, podemos afirmar que existen posibilidades de mejora en los planes de estudio, ya que un porcentaje de estudiantes recurre a este tipo de formación complementaria para después obtener un reconocimiento de créditos en sus respectivos estudios de grado.

Palabras Clave: e-learning, Espacio Europeo de Educación Superior (EEES), crédito ECTS, Universidad, aprendizaje.

Abstrac

The use of information and communication technologies (ICT), especially Learning Management Systems (LMS), make it possible to extend teaching beyond the borders of regulated training. The use of LMS could enable the design of innovative virtual learning environments (EVA), placing the student and / or professional at the center of the educational process and continuous training. For this to happen, the EVA must consider different aspects, being fundamental a methodological change to move from a traditional method focused on the content and the teaching staff, to one focused on the E-activities and the student. In this sense, with the design of an own space of teaching / learning since 2 CL psicopsicológica (of recent creation) has opted for a holistic and systemic approach, as key elements for its educational model in order to train or specialize a professional citizenship in the areas of psychology, education and psychopedagogy. The indicator used in the analysis is an index of distribution that establishes the percentage of students enrolled and that will later present said training so that the credits in their faculties of the University of Malaga are recognized. The objective is to make visible the need for complementary and / or specialized training that is obtained by this virtual means and which will then also be valued by the University. Therefore, this paper presents a proposal of an EVA focused on the student, for which the design is focused on the E-activities, for the parallel training of university students. After the analysis of the results, we can affirm that there are possibilities of improvement in the study plans, since a percentage of students resort to this type of complementary training to later obtain a recognition of credits in their respective degree studies.

Keywords: e-learning, European Higher Education Area (EHEA), ECTS credit, University, learning.

Introducción

El propósito del presente trabajo es doble, por una parte realzar el papel preponderante del uso del e-learning y por otra visibilizar la demanda existente en este campo y las limitaciones halladas en cuanto al reconocimiento de créditos por entidades universitarias. El uso de las tecnologías de la información y comunicación (TIC), especialmente los Learning Management Systems (LMS), posibilitan ampliar la docencia más allá de las fronteras de una formación reglada.

El uso de los LMS podría posibilitar el diseño de entornos virtuales de aprendizaje (EVA) innovadores, colocando al estudiante y/o profesional en el centro del proceso educativo y de formación continua.

En su origen las TIC se encontraban centradas en la mejora individual del aprendizaje, sin embargo, en su evolución actualmente, somos testigos de un cambio axiomático en el que el aprendizaje social y el colaborativo, ya que aportan a la enseñanza y aprendizaje un andamiaje de suma importancia.

En los últimos años se ha empezado a introducir el uso de las TIC dentro de las competencias básicas en la Educación, es por ello que se ha añadido una nueva competencia: la competencia digital. La encontramos en Primaria y Educación Secundaria como el tratamiento de la información y la competencia digital. Además, forma parte de las competencias "clave" para el aprendizaje a lo largo del ciclo vital de la Unión Europea..

Lo que se pretende con la integración de la competencia digital es que provoque una alfabetización de las TIC para que haya un correcto uso de la información, un conocimiento y unos valores. Una información que hoy en día encontramos en la vida cotidiana de esta sociedad del siglo XXI.

Estas serían las fases de integración de las TIC por los docentes en el aula según ACOT: Sí es cierto que el ritmo de la tecnología en la sociedad actual va más rápido que el ritmo de cambio de ideas prácticas sobre el uso de las TIC en el aula. Por ello, es importante avanzar en este campo, integrando, los profesores, las TIC en las estrategias didácticas.

Este trabajo pretende acercarse a la competencia digital manteniendo una unión con el uso y el impacto de las nuevas tecnologías aplicadas a la educación.

Para hacer realidad la idea de un espacio global de educación es necesario intensificar el uso de las nuevas TIC como medio, objetivo, punto de referencia y consecuencia para realizarla. Todo ello gracias a su valor simbólico, a sus propiedades (movilidad, rapidez y virtualidad) y a su capacidad de crear una nueva red comunicativa que conecte todos los países. Las TIC "serán el nuevo ADN que, bajo ciertas condiciones, transformarán los sistemas educativos y sus sociedades ya que, naturalmente, las nuevas tecnologías son vehículos potenciales para el cambio y la innovación". (Aróstegui y Martínez, 2008).

El concepto de usar las nuevas tecnologías como instrumento para el cambio no es un fenómeno muy reciente. A finales de los 70 algunos países propusieron una serie de proyectos públicos destinados al desarrollo de las TIC. Ha sido durante los años 90 cuando las TIC han llegado a su auge, en paralelo con el proceso de globalización.

En relación a ello, Aviram, tal y como recoge Marqués (2012) propone tres posibles acciones de los centros docentes para adaptarse:

1. Escenario tecnócrata: los centros escolares solamente llevan a cabo pequeños cambios como la introducción de la "alfabetización digital" del alumnado dentro del curriculum para que aprendan sobre las nuevas tecnologías y después el uso de estas como fuente de información.

2. Escenario reformista: se dan los dos procedimientos anteriores además de incorporar nuevos métodos de enseñanza dentro de las prácticas educativas.

3. Escenario holístico: las escuelas reestructuran todos sus componentes para que las nuevas tecnologías también cambien el entorno,

Se puede afirmar que el uso de las TIC puede suponer un gran cambio en los sistemas educativos, ya que transforma el modo de enseñanza, tanto dentro como fuera del aula. De este modo, el alumnado se siente más motivado en su proceso de aprendizaje debido a que deja de escuchar pasivamente en la clase y pasa a prestar mayor atención.

Además, la inclusión de estas herramientas posibilita que este conciba la escuela como parte de su vida y conexión con la realidad que le rodea.

Considerando de nuevo el concepto de globalización, se puede añadir que este ha implicado el uso de las nuevas tecnologías en los centros escolares para crear una red de conexiones entre diferentes puntos geográficos. Así, se va consolidando el uso de las TIC para alcanzar el objetivo del "eLearning", es decir, del aprendizaje a través de Internet.

La realidad social que impulsa una globalización desde abajo se refleja en proyectos educativos cuyo planteamiento va más allá de la relación en el aula, contemplando y trabajando las necesidades educativas de una comunidad a partir de tres elementos claves: los movimientos sociales; el profesorado, el alumnado y los demás agentes sociales de la comunidad; la ciudadanía activa construida desde la pluralidad de voces en una sociedad plural (Aubert et al, 2008).

En los últimos treinta años ha habido una transformación del sistema educativo, *tal* y como explica Esteve en La educación en la sociedad del conocimiento. Una tercera revolución educativa (2003)"Al estudiar esta transformación de nuestros sistemas educativos encontramos una secuencia temporal significativa: los primeros cambios comenzaron en Estados Unidos a finales de la década de 1970, y fueron extendiéndose por Europa, comenzando por Suecia y los países escandinavos, para ir luego afectando al resto de los países europeos conforme éstos iban llegando a un determinado nivel de desarrollo económico, y consecuentemente, se producían nuevas tendencias sociales que modificaban valores y concepciones de vida, al mismo tiempo que se conseguía un grado de desarrollo educativo nunca antes alcanzado."

En esta sociedad del conocimiento en la que nos encontramos, se ha creado un bloque de poder con una gran influencia en la educación y en la sociedad en general, tal y como se recoge de Apple en Díez (2009) "su objetivo común es crear las condiciones educativas que consideran necesarias para aumentar la competitividad, las ganancias y la disciplina [...]"

 El presente trabajo analiza cómo las nuevas tecnologías de la información y comunicación (TIC), con especial relevancia los Learning Management Systems (LMS), y como el uso de estas ejercen un impacto en la educación sobre el proceso de enseñanza y aprendizaje.

Si bien en sus inicios las TIC estuvieron centrada en la mejora individual del aprendizaje. En la última década hemos sido testigos de un cambio axiomático en el que el aprendizaje social y el colaborativo aportan a la enseñanza y aprendizaje un andamiaje de suma importancia. Es preciso ser consciente que las tecnologías de la información y comunicación proporcionan herramientas que permiten crear espacios de colaboración, comunicación, discusión, nos permiten compartir con otros una idea, un proyecto, una forma de hacer las cosas: un chat, un foro, un blog, un post en una red social, una wiki o una videoconferencia. (Ortega ,2009).

Las TIC ofrecen multitud de posibilidades en: Profesorado, estrategias de aprendizaje, innovación y herramientas. Con respecto al profesorado podemos señalar que permite la creación de cursos de formación y promueve diferentes tipos de aprendizaje. Además, favorece en las estrategias de aprendizaje aplicables a la dinámica de clase, planteamiento de tareas, foros, tareas. Por otra parte, inciden también en la innovación educativa como recurso potenciador del trabajo cooperativo y acceso a la información de bibliotecas virtuales.

Por todo ello, el verdadero desafío de las organizaciones educativas es utilizar los aprendizajes sociales para generar una inteligencia colectiva, racional y emocional que no es otra cosa que "una inteligencia repartida en todas partes, valorizada constantemente, coordinada y movilizada en tiempo real". (Lévy, 1997).

El aprendizaje a través de las plataformas *e-Leanrning* no es únicamente el aportar información al estudiante para que este aprenda desde una concepción en la que la institución es la que proporciona la información y el estudiante es un recibidor de dicha información. Para que exista una verdadera dimensión social del conocimiento es necesario que ambos, institución y alumnos, aprendan de forma conjunta a crear ese espacio social.(Gros,2009).

Para entender esta relación colaborativa es necesario un posicionamiento holístico y sistémico, de lo contrario podemos caer en el error de utilizar definiciones reduccionistas y simplistas de lo que realmente supone el impacto de las TIC en la educación. (Onrubia, 2016).

Según Onrubia (2016),el primer error que podemos cometer es el no reconocer la complejidad de las relaciones entre las TIC y las prácticas educativas, entendiendo estas de forma lineal y simplista, aceptando de manera axiomática que la incorporación de las TIC mejora la cualidad de la enseñanza. El segundo error es el Tecnocentrismo, prestando más atención a aspectos tecnológicos que a aspectos pedagógicos y didácticos.

Por todo ello se adopta como punto de partida un enfoque holístico y sistémico que , a nuestro juicio, se evitarían estos errores, transformando antiguas concepciones en una visión más compleja y enriquecedora de comprender, organizar, implementar y valorar las acciones educativas en el contexto social, ya que no sólo es adecuado contar únicamente con los recursos tecnológicos, sino también se hace imprescindible la formación de usuarios y consumidores de tecnología. Desde el punto de vista holístico, nos referimos a la importancia que tiene la triangulación *estudiante-docente-contenido* para crear los entornos virtuales de aprendizaje (EVA) *y* en la construcción de significados óptimos que dan sentido a los nuevos contenidos de aprendizajes. El estudiante por sí sólo puede no poseer los recursos cognitivos adecuados para la asimilación de nuevos contenidos. Por otro lado, puede tener los recursos, pero no activarlo o no establecer una relación entre los recursos y el contenido, como por ejemplo por una falta de motivación. Con todo esto queremos señalar que la interacción entre alumno y contenido no garantiza por sí sola formas óptimas de aprendizaje.

Por ello, el elemento vertebrador que facilita la forma óptima de construcción de significados y sentidos no es otro que la ayuda del profesor. esta ayuda debe entenderse como un proceso de acompañamiento que permita la adaptación dinámica, contextual y situada entre el contenido a aprender y lo que el alumno puede aporta a ese aprendizaje en cada momento.(Onrubia,2016).

El e-Learning, por tanto, no es una mera presentación de información al alumno. Es acompañar de forma mantenida en el proceso de aprendizaje en el que alumnos está implicado y ofrecerle el apoyo que requiera cuando éste sea necesario. Esta relación entre alumno-profesor-contenido podemos definirla como la unidad básica del proceso de enseñanza y aprendizaje. Según Onrubia (2016) esta unidad básica tiene una característica especial a señalar.

> *"Para que se de la relación nos es necesario la co-presencia física de los participantes, sino es el hecho que un profesor y alumnos actúen el uno para el otro y entre sí, de manera que las actuaciones de cada participante sólo se entiende y cobran significado en el marco de, y en referencia, a las actuaciones del resto de participantes".*

El e-learning o enseñanza virtual, que se define según Martínez (2005) como "*una enseñanza apoyada en las tecnologías de la información y la comunicación donde no es necesario el encuentro físico entre profesores y alumnos y cuyo objetivo es posibilitar un aprendizaje flexible (a cualquier hora y cualquier lugar), interactivo (con comunicaciones síncronas y asíncronas) y centrado en el alumno* ", se presenta como un medio adecuado para este fin, puesto que incorpora un paradigma pedagógico centrado en el aprendizaje más que en la enseñanza y cuya clave para el aprendizaje está en lo que los estudiantes hacen en lugar de en lo que el docente hace.

Uno de los campos donde el e-learning ha tenido un mayor crecimiento inicial es el mundo universitario. En los últimos años los centros de educación superior de todo el mundo han empezado a poner en práctica nuevas estrategias, entre las cuales destaca el desarrollo de cursos de formación a distancia que incorporan Internet (Martínez, 2005)

Por otra parte, la Unión Europea (UE), que inició sus actividades con un enfoque estrictamente económico, ha propiciado la convergencia en distintos ámbitos que incluyen, entre otros, aspectos jurídicos, sociales y educativos (Pagani, 2002). En educación se ha impulsado un movimiento importante encaminado al desarrollo de un Espacio Europeo de Educación Superior (EEES). España se suma a este ambicioso proyecto de construcción del EEES en 1999, con la Declaración de Bolonia, que fue suscrita por 29 países europeos, extendiéndose el plazo para su consecución hasta 2010.

Los objetivos principales del EEES son la adopción de un sistema flexible, comparable y compatible de titulaciones, el establecimiento de un sistema europeo de transferencia de créditos, el fomento de la movilidad de estudiantes, profesorado e investigadores/as, la formación de la ciudadanía a lo largo de la vida así como la promoción de la cooperación europea para garantizar la calidad de la educación superior. Es este el nexo de unión que hallamos entre la formación de estudiantes de la Universidad de Málaga en el uso de plataformas virtuales de formación como es el uso de 2CL formación psicológica. Muchos de los estudiantes, recurren al e-learning como apoyo y es lo que tratamos de delimitar con nuestro estudio, ya que el e-learning está adquiriendo una presencia cada vez mayor en la Educación Superior y, en consecuencia, es necesario analizar el papel que puede desempeñar para facilitar la construcción del EEES (Martínez, 2005)

Desde 2 CL formaciónpsicológica (de reciente creación)se ha optado por un diseño de un espacio propio de enseñanza/aprendizaje desde el enfoque holístico y sistémico, como elementos claves para su modelo educativo en miras de formar o especializar a una ciudadanía profesional en las áreas de psicología, educación y psicopedagogía. Con ello queremos resaltar la importancia que tiene la interacción alumnado-profesorado-contenido para crear los entornos virtuales de aprendizaje (EVA) y en la construcción de significados óptimos que dan sentido a los nuevos contenidos de aprendizajes.

En dicha triangulación, el protagonista de la construcción del aprendizaje es el estudiante. Para ello hemos de atender circunstancias como: que el estudiante o bien puede no posea los recursos cognitivos adecuados para la asimilación de nuevos contenidos, o bien puede tener los recursos pero no activarlos. En este sentido y como contrapartida el docente debe responder a esta realidad educativa mostrándose como un guía facilitador de conocimiento y que acompaña al estudiante en ese andamiaje, siendo su grado de implicación un apoyo fundamental en este proceso.

Por tanto, el e-learning, tal y como se plantea no es una mera presentación de información. Es acompañar de forma mantenida en el proceso de aprendizaje en el que estudiantes están implicados y ofrecerle el apoyo que requiera cuando éste sea necesario.

Objetivos Generales

El objetivo es visibilizar la necesidad de formación de tipo complementaria y/o especializada que se obtiene por este medio virtual y que luego será también valorada por la Universidad. Por tanto, con este trabajo se presenta una propuesta de un EVA centrada en el estudiante, para lo cual el diseño está centrado en las E-actividades, para la formación paralela del alumnado universitario.

Método

El indicador utilizado en el análisis es un índice de distribución que establece los porcentajes y la respuesta de los sujetos encuestados.

Participantes

La muestra de este proyecto está compuesta por estudiantes N=106 estudiantes. De esta muestra 74 son mujeres y 22 son hombres. La horquilla de edad en la que se han recibido mayor número de respuestas es la que oscila entre los 20 y 23 años.

Los criterios de selección fueron:

1. Ser estudiante
2. Ser mayor de 18 años
3. Conocer el espacio virtual 2cl formación psicológica.

Instrumento

La recogida de datos se llevará a cabo mediante la técnica de encuesta, diseñando para ello un cuestionario que fue distribuido de forma virtual con formato Moodle y fue cumplimentado de manera individual. Las respuestas se plantearon de tipo dicotómico. Está compuesto por 11 ítems y se evalúan tres aspectos por una parte estadísticos como edad (ítem 1), género (ítem 2), conocimiento académico (ítem del 3) y por otra datos sobre su formación y sus percepciones y necesidades sobre el servicio e-learning. En este sentido se evalúan pertenencia o no a la UMA (ítems del 4-11), la necesidad de formación, solicitud de reconocimiento, y si se recurre a la formación online.

Procedimiento

La innovación y la investigación educativas son hoy en día más necesarias que nunca para adaptar el contenido que se imparte, y para adecuarlos a la era en la que vivimos, la era del conocimiento y las tecnologías. Para realizar nuestro proyecto se ha seguido una investigación-acción. Los cuestionarios fueron aplicados durante el inicio el curso 2017-2018 hasta el 20 de octubre de 2017.

El procedimiento comprenderá tres fases:

1. Diseño de la encuesta
2. Selección de la muestra
3. fase de estudio

Tras la recogida de datos se determinará la valoración del e-learning, el uso y el grado de necesidad de reconocimiento.

Resultados

Se presentan los resultados en primer lugar aquellos relacionados con aspectos estadísticos, seguidamente los resultados sobre la percepción, uso y necesidad de reconocimiento de la formación cursada.

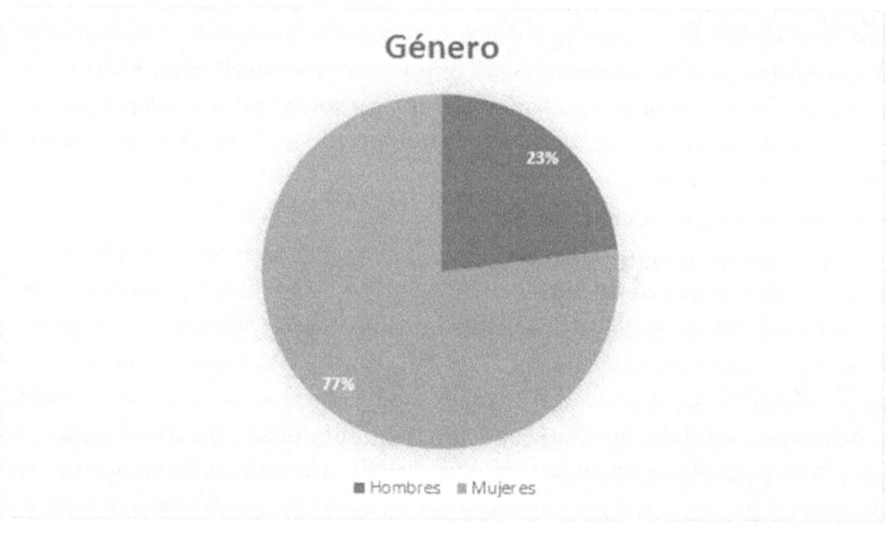

Gráfico 1. Género

Tras analizar la información ofrecida por los datos, se aprecia en el gráfico 1, que existe un porcentaje mayor de mujeres (77%) frente al de los hombres (23%) . El número se concreta en 74 mujeres frente 22 hombres.

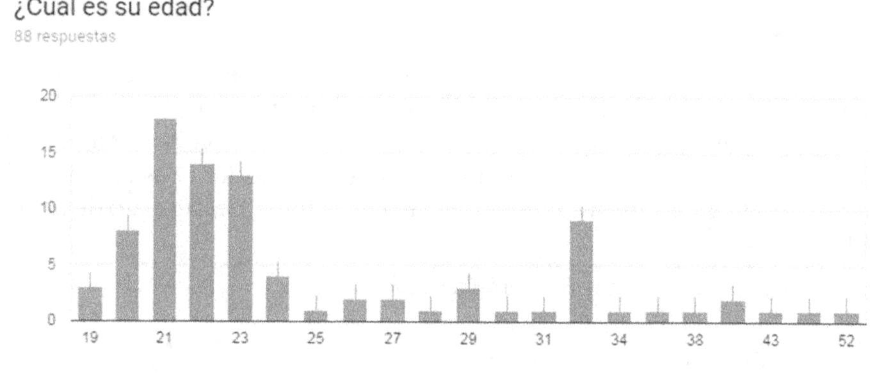

Gráfico 2. Edad

En el gráfico 2 sobre la edad, podemos apreciar que la horquilla de respuestas obtenidas corresponde en la muestra a sujetos comprendidos entre los 20 y 23 años y de nuevo podemos observar un incremento en los 32-33 años.

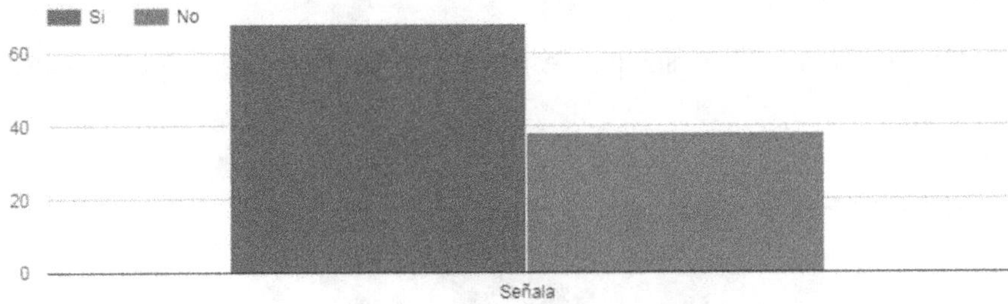

Gráfico 3. Estudios cursados en la Universidad de Málaga

En el gráfico 3, podemos señalar que 68 de los encuestados pertenecen o han pertenecido a la Universidad de Málaga, frente a los 38 restantes que han cursado o cursan sus estudios en otras instituciones.

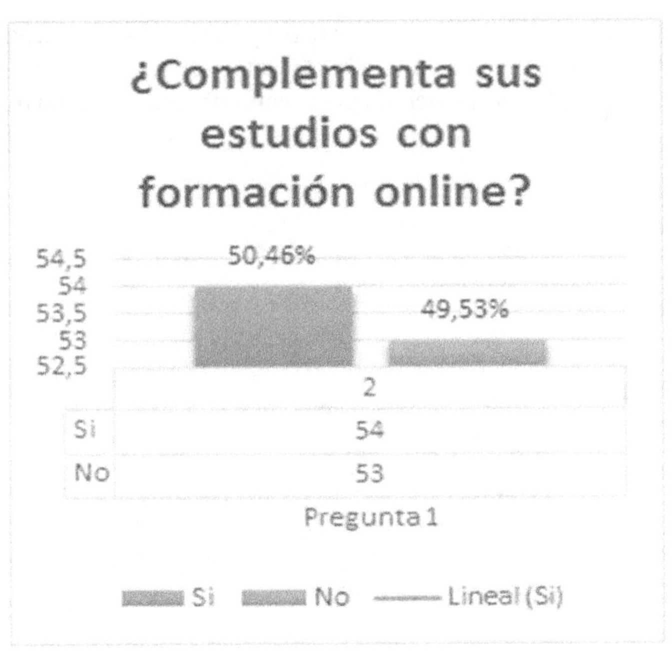

Gráfico 4. Información sobre si complementa su formación

En el gráfico 4, se recoge la información sobre la disyuntiva de si complementa su formación, y aunque la diferencia no es significativa, podemos afirmar que en la muestra escrutada el 50% sí recurre a esta complementación.

Me gusta tener formación para especializarme en temáticas determinadas

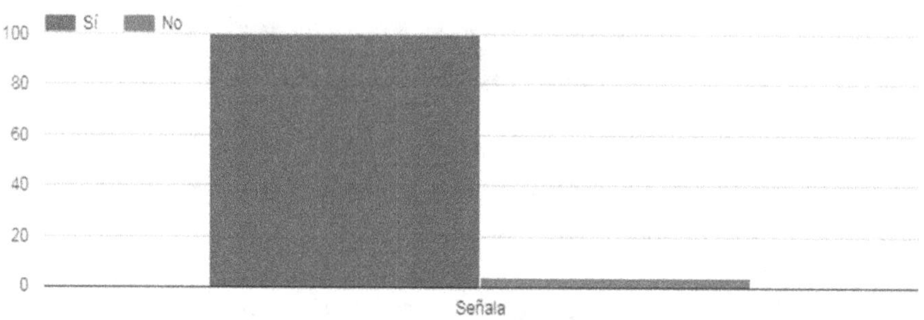

Gráfico 5. Formación Especializada

El gráfico 5, de manera muy significativa expone que le es predilecta la idea y tendencia a especializarse en temáticas determinadas, de los 106 encuestados /as, 100 de ellos se posiciona positivamente hacia el polo de la formación especializada.

Solicitaría el reconocimiento a la empresa formadora para acreditarlo en entidades o centro en el que estudio

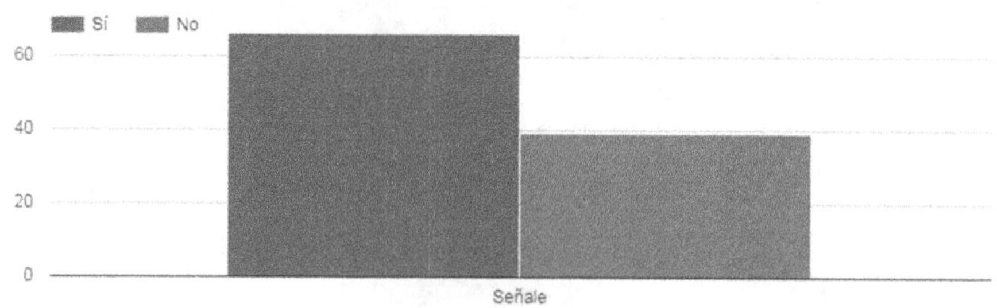

Gráfico 6. Solicitud de reconocimiento.

Con respecto a la solicitud de reconocimiento a la empresa formadora, en la gráfica 6, se aprecia que 66 de los sujetos lo solicitará, este hecho implica una necesidad de reconocimiento por parte también de las instituciones en las que estudia de manera complementaria (Universidades, Escuelas Universitarias...)

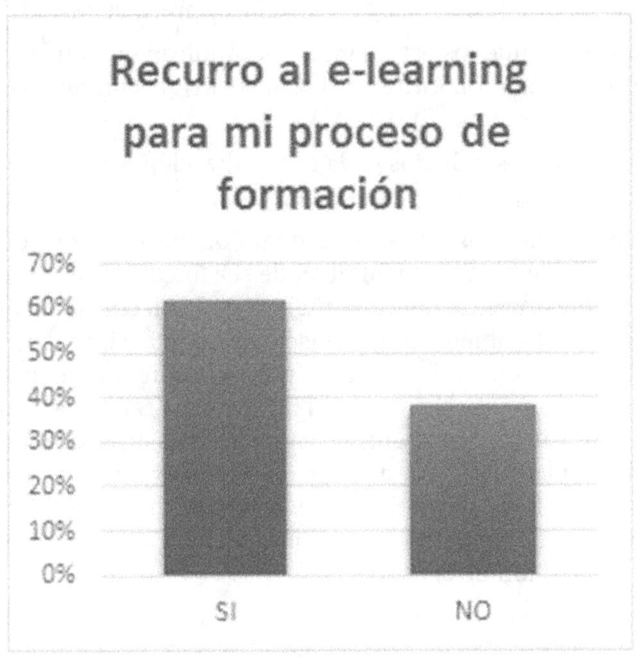

Gráfica 7. El E-learning como proceso formativo.

Finamente, en la gráfica 7, se constata la tendencia que existe en la sociedad a recurrir al e-leaning como proceso formativo. Siendo un 60% sobre un 40% aquellos sujetos que consideran el e-learning proceso de aprendizaje.

Discusión y conclusiones

Tras el desarrollo de las actividades y la obtención de los resultados de rendimiento hemos llegado a la conclusión de que nuestros estudiantes recurren al e-learning como proceso formativo, y que se tenderá a este tipo de formación en el futuro de manera casi exclusiva.

Por otra parte, en este trabajo se visualiza la necesidad de crear puentes entre instituciones, para que se favorezca la formación especializada del estudiantado. Como propuesta se podrían establecer nexos entre las universidades y las empresas e-learning, ya que actualmente existen limitaciones Art. 46.2i de la Ley Org. Universidades 6/2001 y el Art. 12.8 del Real Decreto 1393/2007, ya que los reconocimientos solo se aplican si dicha formación parte de la Universidad y no de una empresa de formación.

Otra conclusión es que los estudiantes profundicen en el uso de las TIC, y se forje un nexo de unión entre las TIC y el enriquecimiento de la educación. En nuestro caso a partir del EVA.

Además, con los datos hallados en la especialización, se pueden aplicar posibilidades de mejora en los planes de estudio.

Para finalizar, señalamos que el nexo de unión existente entre las TIC y el enriquecimiento de la educación dista de ser lineal o simple. Las TIC, sin duda, amplían las posibilidades de mejora en las técnicas de enseñanza y aprendizaje, pero también somos conscientes que la simple incorporación de estas al contexto educativo no avala que se produzcan mejoras. Por todo ello, se hace necesario incorporar las TIC de forma reflexiva sobre los objetivos y criterios que deben seguir su implementación a la educación. esta reflexión debe ir encaminada a dotar de más importancia a los aspectos educativos frente a los de carácter tecnológicos y realizar investigaciones empíricas sobre que modelos y principios psicológicos y educativos deben guiar la incorporación de las TIC.

Siempre ha de prevalecer el conocimiento y la formación, a pesar de los intereses de cada una de las instituciones

Referencias bibliográficas

Aróstegui, J.L. y Martínez, J.B. (2008). Globalización, postmodernización y Educación: La calidad como   coartada neoliberal. Madrid.

Aubert, A, Flecha, A., García, C., Flecha, R,. y Racionero, s. (2008). Aprendizaje dialógico en la sociedad de la información. Barcelona: Hipati.

Marqués, P. (2012) Impacto de las TIC en la educación: funciones y limitaciones.   Revista de investigación 3 Ciencias Editada por Área de Innovación y Desarrollo, S.L. https://www.3ciencias.com/wp-content/uploads/2013/01/impacto-de-las-tic.pdf (Recuperado 25/05/2016)

Díez, E.J. (2009). Globalización y educación crítica. Madrid: Biblioteca Pensamiento y futuro.

Esteve, J. M. (2003). La tercera revolución educativa, la educación en la sociedad del conocimiento. Barcelona: Paidós

Gros Salvat, B. (2016). La construcción del conocimiento en la red: límites y posibilidades. *Education In The Knowledge Society (EKS)*, 5(1). Recuperado de http://revistas.usal.es/index.php/revistatesi/article/view/14352

Lévy, P. (1997F). *Collective intelligence*. Cambridge, Mass: Perseus Books.

Ley Orgánica de Universidades 6/2001

Martínez, M. (2005). E-learning: el tutor una de las claves de la formación online. En Observatorio para la cibersociedad. (03/08/17)

Onrubia, J. (2016). Aprender y enseñar en entornos virtuales: actividad conjunta, ayuda pedagógica y construcción del conocimiento. *Revista De Educación A Distancia (RED)*, (50). http://dx.doi.org/10.6018/red/50/3

Ortega, I. (2009) *La alfabetización tecnológica. Vol. 10. Nº 2. Julio.* Revista Electrónica Teoría de la Educación. Educación y Cultura en la Sociedad de la Información: *http://www.usal.es/teoriaeducacion*

Pagani, R. (2002).El crédito europeo y el sistema educativo español. Edición electrónica: http://www.um.es

Real Decreto 1393/2007, de 29 de octubre, por el que se establece la ordenación de las enseñanzas universitarias oficiales.

NUEVOS ENTORNOS PARA LA INNOVACIÓN EN EL APRENDIZAJE UNIVERSITARIO. EJEMPLO DE COLABORACIÓN ENTRE LOS GRADOS DE GEOGRAFÍA Y PERIODISMO (UNIVERSIDAD DE ZARAGOZA)

Ana Isabel Escalona Orcao
Universidad de Zaragoza, España
María Zúñiga Antón
Universidad de Zaragoza, España
Rubén Ramos Antón
Universidad de Zaragoza, España

Resumen

La ponencia presenta una experiencia innovadora de aprendizaje consistente en el trabajo colaborativo de estudiantes y profesores de los Grados de Periodismo y de Geografía y Ordenación del Territorio de la Universidad de Zaragoza (España). Por el valor añadido que ofrece respecto de otras metodologías docentes, hemos aplicado la del aprendizaje-servicio (*ApS*), modalidad experimental mediante la que los estudiantes aprenden a la vez que prestan un servicio desarrollando actividades convenientemente integradas en los contenidos curriculares. En esta ocasión el servicio se presta a sus compañeros en la otra titulación: los estudiantes de Geografía actúan como expertos en diversas temáticas sobre las que los futuros periodistas elaboran producciones audiovisuales (*podcasts*) y visuales (infografías). El conjunto de la sociedad se beneficia mediante la difusión y publicación de los resultados en la emisora universitaria *Radio Unizar* y en la plataforma digital *Entremedios* del Grado en Periodismo. Los resultados obtenidos en el proyecto han sido muy positivos. Los futuros geógrafos, al tener la presión de actuar como expertos, han mejorado su aprendizaje significativo y han puesto en práctica conocimientos curriculares específicos de su carrera. Todos han reforzado competencias genéricas como la capacidad de análisis y síntesis, el trabajo en equipo y la comunicación con un público no especializado.

Palabras clave

Aprendizaje-servicio (*ApS*), innovación docente, Geografía Humana, Periodismo, trabajo colaborativo, podcast, infografías

Introducción

La Geografía Humana es una parte de la Geografía que estudia muchos de los retos socioeconómicos, demográficos y medioambientales que se plantean en nuestro mundo a cualquier escala tratando de darles respuesta. Sin embargo los estudiantes universitarios no siempre son conscientes de este potencial y manifiestan mayor interés por otras áreas temáticas de la disciplina como la Geografía Física y, en general, las materias de relacionadas con el Medio Natural. Para captar el interés de los estudiantes por esta materia se ha puesto en marcha una novedosa estrategia docente que conlleva la colaboración con los estudiantes del Grado Periodismo. La experiencia ha consistido en seleccionar diversos temas de Geografía Humana para la elaboración por los futuros periodistas de producciones en formatos de audio (podcasts) y gráficas (infografías), actuando los estudiantes de Geografía como entrevistados –en el caso de los podcasts- o de técnicos en cartografía y expertos en manejo de fuentes demográficas y espaciales -en el caso de las infografías-.

El proyecto[1] ha reunido los contenidos y objetivos curriculares de cinco asignaturas: Geografía Económica (tercer curso), Geografía de la Población (segundo curso), Géneros informativos en radio (segundo curso), Producción de informativos en radio (segundo curso) y Diseño gráfico e infografía (optativa).[2] Hemos aplicado la metodología aprendizaje-servicio reconocida por su eficacia para optimizar la calidad del aprendizaje y también por las oportunidades y el valor añadido que ofrece respecto de otras metodologías. De este modo hemos podido aprovechar la experiencia del Grado de Periodismo en este tipo de aprendizajes y sumar el Grado en Geografía y Ordenación del Territorio a las titulaciones de la Universidad de Zaragoza que la vienen aplicando.

El balance de la experiencia ha sido muy positivo ya que se ha generado en los estudiantes del Grado en Geografía una mejora de su percepción respecto de las asignaturas de Geografía Humana, redundando positivamente y de forma transversal en toda la titulación. Respecto del conjunto de todos los estudiantes ha sido muy beneficiosa la introducción de fórmulas novedosas de trabajo cooperativo entre estudiantes de Grados distintos. Además hemos verificado una mejora de los aprendizajes significativos ya que en su colaboración, geógrafos y periodistas, han puesto en práctica conocimientos curriculares específicos de su carrera.

---

[1] El proyecto fue seleccionado y financiado por el Vicerrectorado de Política Académica de la Universidad de Zaragoza en el marco de la Convocatoria de Innovación Docente 2016-2017.

[2] La experiencia descrita se desarrolló durante el curso 2016/2017. En el siguiente, 2017/2018, se ha ampliado incluyendo las asignaturas de Teledetección (grado en Geografía) y Televisión (grado en Periodismo).

Objetivos Generales

Los objetivos iniciales del proyecto fueron los siguientes.

1) Favorecer que los estudiantes de las asignaturas de Geografía Humana sean conscientes del interés social de las temáticas que estudian y mejoren su disposición hacia las mismas.

2) Generar sinergias entre los estudiantes de los Grados participantes aprovechando el potencial de la metodología de aprendizaje servicio

3) Explorar y experimentar con herramientas y formatos óptimos para la representación y visualización de datos relativos a la Geografía Humana, para lograr una mejor comprensión de las informaciones que los incluyan y analicen

4) Reforzar el aprendizaje de las diversas competencias específicas de las titulaciones involucradas

5) Reforzar el aprendizaje de las competencias genéricas de las titulaciones y en particular las de comunicación y divulgación científica de calidad

6) Difundir las piezas informativas, mapas e infografías realizados tanto en el Centro (Facultad de Filosofía y Letras) como en la Universidad de Zaragoza y su entorno académico y social

Método

En el proyecto se ha aplicado la metodología de aprendizaje-servicio (*ApS*), fórmula didáctica que cuenta con varias décadas de existencia y que se caracteriza *grosso modo* por vincular la enseñanza y el aprendizaje universitarios con la sociedad de su entorno .

Se trata de un modelo de aprendizaje experimental (Dorsey, 2001) y, por tanto, se ha beneficiado de la creciente importancia de lo experimental en las Ciencias Sociales, incluidas Geografía y el Periodismo, disciplinas en las que se centra el trabajo que presentamos. La mayor parte de las experiencias de aprendizaje-servicio descritas en la bibliografía consisten en que los estudiantes colaboren con instituciones u organizaciones del entorno universitario desempeñando tareas semejantes a las de voluntariado o cualquier otra que implique compromiso social (Basinger y Bartholomew, 2006). En otras ocasiones, el servicio se ha enfocado a fomentar el emprendimiento, a la formación de una ciudadanía crítica o a tareas relacionadas con el patrimonio cultural.   Un requisito de la metodología es que las actividades desarrolladas por los estudiantes tienen que estar integradas en el currículo académico de modo que exista una relación entre el servicio prestado, la formación que está adquiriendo el estudiante a través de los demás contenidos curriculares y, también, la labor profesional que desarrollará una vez egresado. ya hemos explicado en otro lugar (Escalona, Marta y Zúñiga, 2017; Nogales et al., 2017) los impactos positivos de esta metodología de aprendizaje son muy numerosos y están bien recogidos en la bibliografía. Por una parte se desarrollan habilidades sociales y cooperativas en los estudiantes, aumentando su conciencia social y su responsabilidad cívica (Basinger y Bartholomew, 2006). Por otra parte se favorece la vinculación de la institución universitaria con la sociedad en la que está inmersa. Además se pueden generar impactos en el currículum académico, ya que el *ApS* induce la reelaboración de los contenidos teóricos para ajustarlos al contexto social y económico en el que se desempeña la profesión

La experiencia de aprendizaje-servicio realizada en nuestro proyecto tiene sus antecedentes en las colaboraciones de estudiantes y profesores del Grado en Periodismo de la Universidad de Zaragoza con los de Física y Terapia Ocupacional (Marta-Lazo y Solans García, 2016). Constituye una modalidad de *ApS* peculiar ya que el servicio se lo prestan de manera recíproca dos grupos de estudiantes de distinta titulación, Periodismo y Geografía, y del mismo se beneficia el conjunto de la sociedad en calidad de destinataria de las producciones informativas elaboradas (podcasts e infografías). No obstante la iniciativa cumple todos los requisitos del *ApS*: las actividades se integran en las prácticas curriculares de los estudiantes; su desarrollo brinda a los estudiantes una experiencia relevante para su desempeño profesional; supone una aportación a la comunidad, dado que las piezas informativas realizadas se publican a través de medios de comunicación digitales para que puedan ser escuchadas o vistas desde cualquier parte del mundo y por cualquier persona interesada en los temas geográficos abordados (v. tabla 1).

	Características generales del *ApS*	Características del proyecto presentado
1.	Prestación de un servicio a organizaciones o instituciones del entorno ajustado a las necesidades de las mismas	Prestación del servicio a estudiantes de otra titulación y a la sociedad en su conjunto.
2.	Desarrollo de competencias de conciencia social y responsabilidad cívica	Se trabajan temas *sensibles* que favorecen la formación en valores y ponen en contacto a los estudiantes con la deontología de su profesión
3.	Adquisición de habilidades profesionales	El trabajo colaborativo de los estudiantes de dos titulaciones distintas reproduce situaciones de la vida profesional, a la vez que se refuerzan diversas competencias de comunicación
4.	Desarrollo de competencias de investigación y aplicación de teoría a la práctica	Los estudiantes deben documentarse sobre las temáticas objeto de las piezas informativas, seleccionar contenidos pertinentes y saberlos ajustar a los intereses de otros especialistas y del público en general.
5.	Fortalecimiento de las relaciones entre la Universidad y la sociedad de su entorno	Facilita la visibilidad de la Geografía Humana como disciplina que tiene algo que ofrecer a la sociedad y se refuerzan los vínculos de la Universidad con su entorno

Tabla 1. Relación entre el proyecto presentado y el modelo de *ApS*. Fuente: Escalona, Marta y Zúñiga, 2017

La aplicación del proyecto ha reunido a estudiantes y profesores de dos asignaturas del Grado en Geografía y tres del Grado en Periodismo, ya detalladas en la introducción. Se estableció que los estudiantes de *Geografía Económica* colaborasen con los de *Géneros informativos en radio y Producción de informativos en radio* y que los de *Geografía de la Población* lo hicieran con los de *Diseño Gráfico e Infografía*. El equipo docente, formado por seis profesores, consideró oportuno que la actividad fuera obligatoria para los 218 estudiantes matriculados en las mismas y aplicarle los mismos criterios de evaluación que en el resto de las pruebas de las respectivas asignaturas. Por ser una experiencia piloto se les asignó un pequeño peso en la calificación total (10%) a la vez que se procuró que la carga de trabajo requerida en horas/estudiante fuera proporcionada (15% del tiempo de trabajo personal de la asignatura). Cabe recordar no obstante que las actividades eran grupales.

En el diseño del proyecto se puso énfasis en las actividades de aprendizaje necesarias para la consecución de todos los objetivos. Destacan (1) la documentación y estudio del tema por los estudiantes de forma individual y en equipo; (2) la realización de tutorías obligatorias y voluntarias; (3) el intercambio entre profesores logrando la participación de los de uno de los grados en las asignaturas del otro; (4) las entrevistas entre los grupos de estudiantes de ambos Grados; (5) la elaboración de las piezas informativas: la grabación de los reportajes radiofónicos y la preparación de las infografías y (6) la realización de sesiones de control de calidad de los guiones radiofónicos y las infografías por parte de los estudiantes del Grado de Geografía.

La puesta a punto del proyecto se completó con la elaboración de un cuestionario para evaluar su incidencia en el aprendizaje mediante su distribución a los estudiantes al comienzo y al término del curso. El cuestionario se proporciona como anexo 1 de este trabajo. También se estableció el plan para la difusión pública de los trabajos como contribución o servicio a la sociedad y cumplir de este modo el tercero de los requisitos de la metodología *ApS*.

Los trabajos elaborados, podcasts e infografías, fueron objeto de una sesión de audición pública y de una exposición en la Facultad de Filosofía y Letras de la Universidad de Zaragoza. La tabla 2 sintetiza y secuencia el proceso metodológico expuesto:

Tarea/semana de curso	4ª	5ª	6ª	7ª	8ª	9ª	10ª	11ª	12ª	13ª	14ª
Presentación de la actividad	X										
Encuesta inicial del proyecto	X										
Formación de grupos, elección de temas y emparejamiento con grupos de Periodismo		X									
Documentación y estudio del tema			X	X	X	X					
Tutoría obligatoria					X	X					
Entrevista por los estudiantes de Periodismo para preparar el guión del reportaje radiofónico/diseño infográfico							X	X			
Tutoría opcional							X	X			
Control de calidad								X	X	X	
Intervención de los profesores de Periodismo ante los estudiantes de Geografía y viceversa									X		
Grabación de los reportajes/ Elaboración de infografías									X	X	
Audición de los reportajes/Exposición de infografías										X	
Difusión pública de las piezas informativas										X	
Encuesta final del proyecto											X

Tabla 2. Cronograma de las actividades realizadas. Fuente: Escalona, Marta y Zúñiga, 2017

Resultados

De cara a la exposición de los resultados se plantean dos niveles de trabajo: por una parte los propios resultados de la actividad, materializados en los podcast y las infografías y por otra parte en los resultados de carácter docente.

En el primero de los casos el mejor reportaje radiofónico, realizado sobre el tema *"¿Por qué está creciendo la desigualdad económica y social a todas las escalas?"*, fue emitido en el programa *En clave de ciencia* de Radio.Unizar.es y está a disposición de los oyentes en el siguiente enlace: http://radio.unizar.es/enclavedeciencia (Figura 1).

Figura 1. Podcast emitido en la sección "En clave de ciencia" de radio.unizar.es

Otro buen reportaje realizado sobre del tema *"Agricultura de precisión. ¿Es atractiva para los jóvenes?"* puede escucharse a través de la plataforma *Entremedios* en el siguiente enlace: http://periodismo.unizar.es/agricultura-de-precision-es-atractiva-para-los-jovenes/ (Figura 2). Dicha plataforma es mantenida por los propios estudiantes de Periodismo y en ella también están publicadas las mejores infografías (Figura 3): http://periodismo.unizar.es/premiadas-las-infografias-de-dos-alumnos-de-periodismo/. La considerada como mejor propuesta se centró en explicar la inmigración en Estados Unidos, concretamente con origen en México. En ella combinaban varios elementos infográficos desde mapas a gráficos para presentar la situación actual y futura.

Figura 2. Podcast emitido en la plataforma digital "Entremedios"

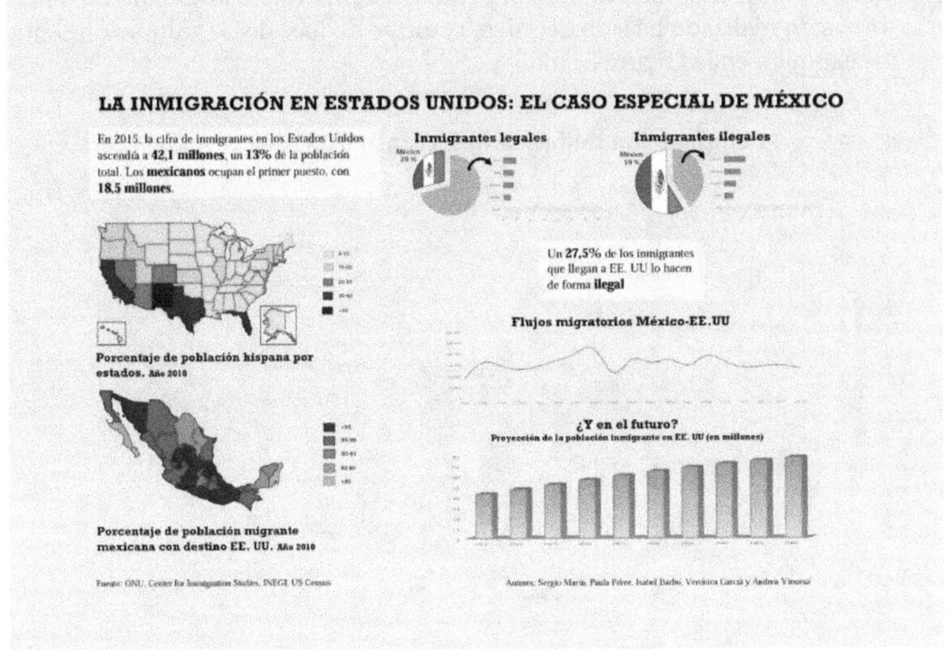

Figura 3. Infografía seleccionada como la de mayor calidad en este proyecto

En relación a los resultados docentes, cabe señalar que todas las innovaciones en las metodologías docentes deben ser evaluadas para verificar si han cumplido los objetivos con los que se plantearon y, en definitiva, si se han producido mejoras en los procesos de enseñanza y aprendizaje. El plan de evaluación de este proyecto se basó en la aplicación de diversas técnicas: realización y análisis de encuestas a los estudiantes al inicio y al final del proyecto, comparación de las calificaciones obtenidas con las de cursos precedentes, declaraciones de los estudiantes ante sus compañeros en el acto académico de presentación de los trabajos y, por último, sesión de *focus group* por parte de los profesores implicados. Aportamos algunos ejemplos de cada técnica que, en nuestra opinión, reflejan un buen ajuste entre los objetivos del proyecto y los resultados obtenidos.

1) Análisis comparado de las calificaciones.

Las calificaciones obtenidas por los estudiantes de las asignaturas implicadas en el proyecto muestran una clara mejora respecto del año anterior. En *Geografía Económica,* por ejemplo, la nota media del curso 2016/2017 ha sido de 6,1 sobre 10 frente a 5,2 en el curso precedente. En *Geografía de la Población* también se ha observado una clara mejora pasándose de 6,9 en 2015/2016 a 7,3 en 2016/2017. Ciertamente son varios los factores a los que cabe atribuir esta mejora pero el equipo docente está convencido de que el proyecto realizado ha sido decisivo, como se deduce de las valoraciones que se exponen en las figuras 4 a 6.

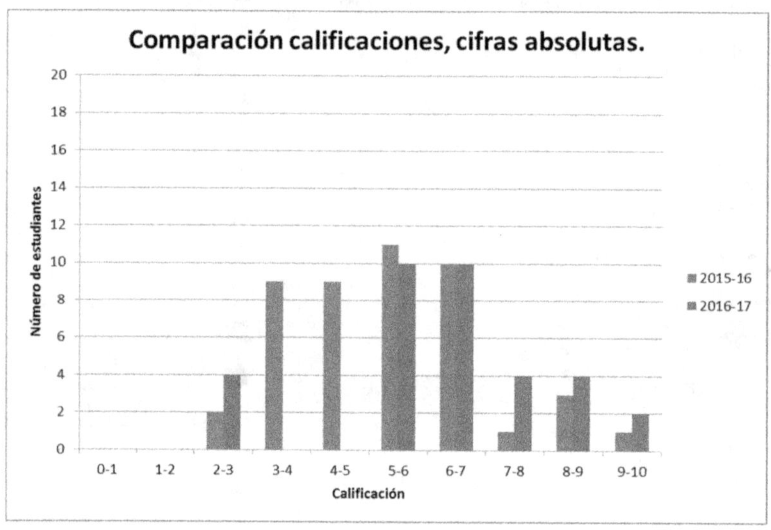

Figura 4. Asignatura *Geografía Económica*

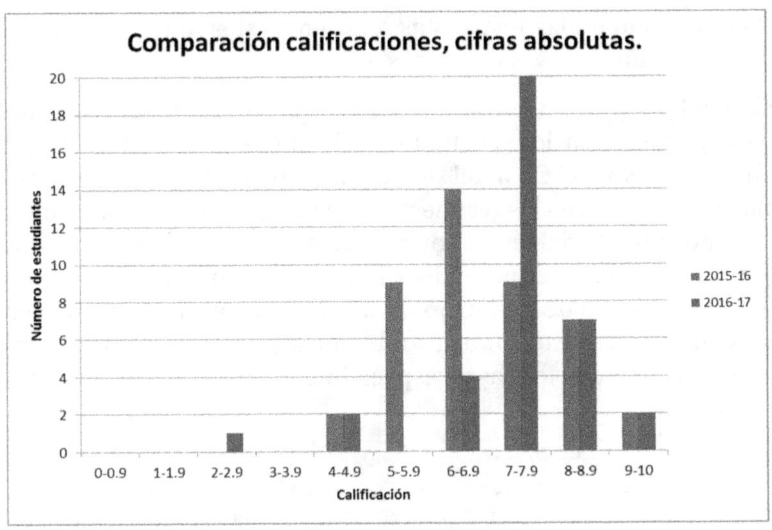

Figura 5. Asignatura *Geografía de la Población*

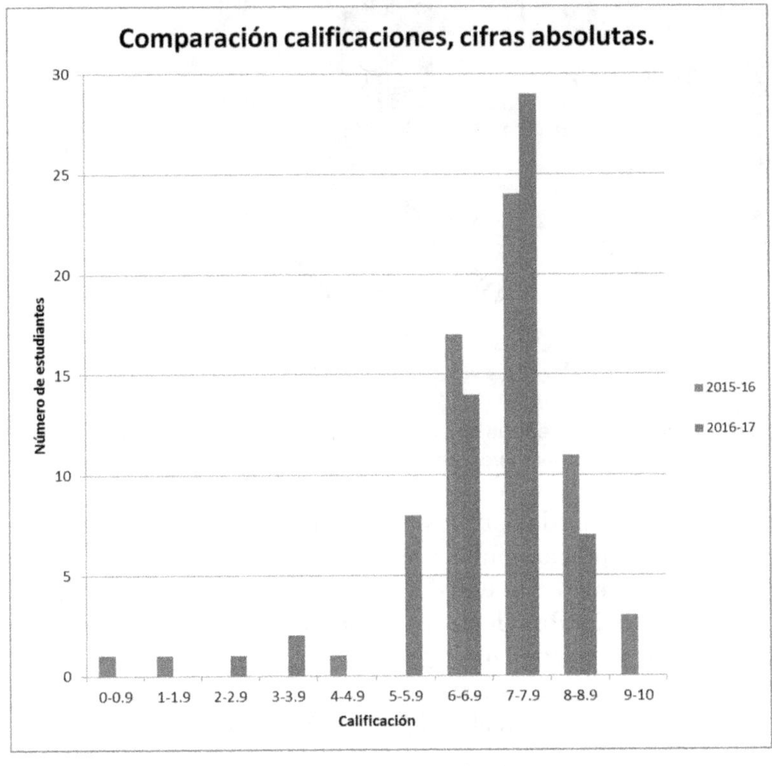

Figura 6. Asignatura Géneros Informativos en Radio

2) Análisis comparado de las respuestas a las encuestas inicial y final del proyecto de innovación

La valoración del proyecto fue muy positiva por parte de los alumnos y así queda patente al comparar los resultados de la encuesta de competencias que se les hizo al inicio y al final del proyecto. La figura 7 compara los resultados iniciales y finales en las respuestas que integran los cuatro bloques temáticos –Conocimiento del tema, Comunicación, Fuentes y herramientas y Multidisciplinar– del cuestionario distribuido a los estudiantes (v. anexo 1). El gráfico es expresivo de una mejora en las competencias descritas en las preguntas que integran cada uno de los bloques, percibiéndose una clara tendencia positiva en todos los casos, especialmente en el referido al conocimiento del tema.

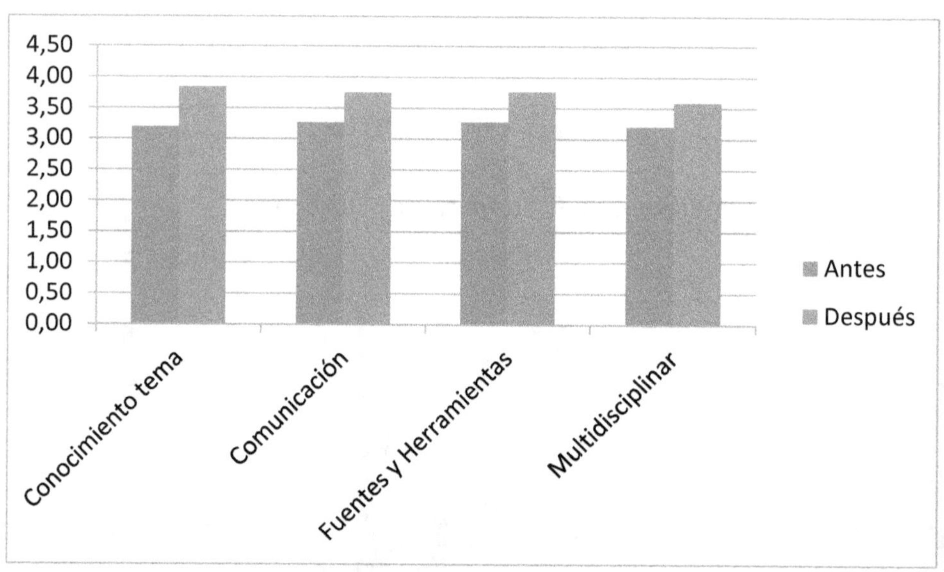

Figura 7. Adquisición de competencias en el proyecto de innovación. Contraste de las respuestas anteriores y posteriores del proyecto

3) Las declaraciones realizadas por los estudiantes antes de sus intervenciones en la sesión de audición pública y sus valoraciones al término de la misma pueden escucharse en la emisión especial del programa de *Radio Unizar* del día 23 de diciembre de 2016 (disponible en el siguiente enlace: http://radio.unizar.es/sites/default/files/sonidos/20161219_PRO_ECDC.mp3). Extraemos a continuación algunas declaraciones que se encuentran en el podcast mencionado:

> *"Creo que ha sido una experiencia muy gratificante, trabajar las dos carreras juntas porque nos servirá para en un futuro poder trabajar con otros profesionales" (4:33-4:42)*

"Como periodistas, considero que debemos saber desenvolvernos en todos los ámbitos y presentar la información de la manera más clara posible" (4:43-4:47)

"El encuentro ha sido muy interesante ya que ambos grupos de estudiantes hemos aprendido mucho los unos de los otros. Es una experiencia muy enriquecedora y pienso que debería darse más a menudo el contacto con diferentes grados" (4:48-5:00)

"Creo que hay diversos aspectos de la geografía que no son conocidos socialmente por lo que dándoles un enfoque más periodístico quizás puedan llegar a una mayor población que entienda diversos temas como los que hemos tratado en el evento" (5:01-5:12).

4) Los seis profesores del equipo docente realizaron una sesión de *focus group* para valorar los resultados del proyecto. Se transcriben seguidamente algunos testimonios referidos a los objetivos del proyecto y que se consideran relevantes.

4.1. Interés en temáticas vinculadas a la Geografía Humana

Según los profesores participantes en la experiencia, la vinculación del aprendizaje con la realidad –puesto de manifiesto en la elección de las temáticas de trabajo–, ha favorecido la implicación y el sentido crítico de los estudiantes:

"Respecto a mi asignatura que es Geografía de la Población, las diferencias respecto a la manera de impartirla anteriormente han favorecido que los estudiantes percibieran no sólo la dimensión académica sino la relevancia social de los temas".

"A los alumnos de la asignatura que he impartido (Diseño Gráfico e Infografía) (la experiencia) ...les ofrece la posibilidad de analizar un asunto de actualidad".

"desde mi punto de vista la divulgación de temas relacionados con la Geografía Humana es especialmente relevante para la adquisición de un espíritu crítico por parte del alumnado".

"Los temas concretos que han sido objeto de trabajo en el presente proyecto, tales como la desigualdad de recursos a escala planetaria o la compra y explotación de tierras en territorios desfavorecidos, fomentan la concienciación social y la labor de responsabilidad social de los futuros periodistas".

4.2. Multidisciplinariedad

En los testimonios de los profesores se resalta este aspecto como muy positivo por ser fuente de enriquecimiento mutuo a nivel en cuanto a los contenidos y de creación compartida de resultados. En ese marco, destaca que los estudiantes de Geografía han probado herramientas y formatos distintos de los habituales y han comprendido la utilidad de su manejo para el análisis y difusión de las diferentes temáticas:

> *"Implica trabajar con gente que no conocían ....eso puede pasarles (a los estudiantes) en el mundo profesional....que no conozcan a sus compañeros y que sean de otras disciplinas".*

> *"Para los periodistas ...trabajar con gente de otras disciplinas ...en la fase de aprendizaje puede ser complicado, pero a medio plazo se tienen que acostumbrar a trabajar diariamente con fuentes provenientes de cualquier campo del saber y de cualquier disciplina".*

> *"Esto los saca de su zona de confort.. cuando el trabajo sólo lo lee el profesor no trasciende que no esté bien... en este caso pones a los estudiantes en una situación de tensión que les hace ser más productivos, más eficientes y trabajar con más ganas. En sentido está muy bien".*

> *"Los estudiantes necesitan algo más, la oferta académica convencional que supone "sólo" estudiar tiene que ser adornada con otras cosas. Esta es una manera estupenda para que hagan un esfuerzo que de otra manera sería difícil conseguir".*

4.3 Aprendizaje de competencias específicas y genéricas

Los profesores manifestaron en sus respuestas que el aprendizaje de competencias es un aspecto crucial del proyecto:

> *"Si vamos a prestar un servicio a la sociedad desde la Geografía Humana la información que damos ha de ser de calidad. Sólo así el servicio se da plenamente".*

> *"Los estudiantes de Geografía han aprendido que para construir historias, que es lo que les decía el profesor de periodismo, no pueden partir de la nada, han de basarse siempre en unas fuentes"*

> *"Los alumnos han trabajado las competencias que aparecen recogidas en la guía docente"*

> *"Considero que los resultados en mi asignatura son positivos por el nivel de trabajo y esfuerzo que he detectado en líneas generales en mis estudiantes, tanto en la fase documental como en la elaboración de los guiones y la incorporación de las modificaciones sugeridas."*

> *"Los alumnos y alumnas pudieron tener la oportunidad de poner en práctica los conocimientos teóricos aprendidos durante el curso. Especialmente la idea de que, mediante la infografía (entendida esta como género híbrido entre imagen y texto) es posible comunicar de forma eficaz información compleja, especialmente aquella en la que se analizan grandes bases de datos, sobre todo los de tipo cuantitativo"*

En otras valoraciones sobre el impacto del proyecto en las competencias de los estudiantes, los profesores plantearon la necesidad de introducir ajustes en futuras ediciones del mismo.

> *"Cuando escuché a los estudiantes …en los reportajes de radio aprecié que la expresión oral es una competencia importante que hemos descuidado, ya que no sólo incluye aspectos relacionados con lo que se está diciendo y sino con cómo se está diciendo como el tono de la voz, su modulación….para tener una buena comunicación con el público que nos va a oír".*

> *"Si la vía de comunicación es radio el año que viene habría que incluir alguna formación específica para que los estudiantes de Geografía hablen de un modo que resulte más efectiva".*

> *"Me gustaría repetir la experiencia el año que viene introduciendo mejoras: la manera en la que los estudiantes interactúan, como se generan los grupos…"*

> *"Los desajustes que ha habido, principalmente, se han debido a alguna falta de coordinación puntual entre los alumnos de los diferentes Grados. No obstante y a pesar de estos pequeños detalles, como digo comprensibles al tratarse de la primera experiencia, la experiencia ha dejado un muy buen sabor de boca."*

Discusión y conclusiones

El proyecto de innovación docente que se ha llevado a la práctica ha resultado una actividad interesante, con resultados positivos, tanto desde el punto de vista didáctico para los docentes, como en la contribución a las calificaciones finales, observando una mejora en las asignaturas respecto al año anterior.

Este tipo de experiencia estaba poco explorada en los ámbitos de la Geografía y del Periodismo y es pionera en la conjunción de ambas disciplinas, en pro del aprendizaje colaborativo entre alumnos de diferentes especialidades. La actividad partió de la propuesta de dar más visibilidad a la Geografía Humana como disciplina relevante dentro del ámbito de la Geografía y también de las Ciencias Sociales, por lo que el servicio prestado en esta práctica de *ApS* por parte de los periodistas fue idóneo para dar a conocer, a través de medios de comunicación en línea, diferentes temáticas del ámbito geográfico.

El ejercicio llevado a cabo responde a la simulación de una situación habitual en el trabajo diario, la multidisciplinariedad, en la que los geógrafos deben divulgar los resultados de sus investigaciones y los periodistas acceder a fuentes especializadas para trasladar la información de la manera más inteligible posible a la ciudadanía. Una práctica que, en el caso de estos últimos, va a resultar habitual en su desempeño profesional.

Por otra parte para cumplir con el parámetro distintivo del aprendizaje-servicio (*ApS*), el servicio a la sociedad, las producciones radiofónicas e infográficas elaboradas por los estudiantes han sido objeto de una amplia difusión.

El intercambio de técnicas entre diversas disciplinas ha servido para incrementar las competencias transversales de los estudiantes, así mismo según ha manifestado el alumnado la experiencia ha resultado enriquecedora. Por una parte, los estudiantes del Grado en Geografía han mejorado su percepción respecto de las asignaturas de Geografía Humana. En la asignatura *Geografía Económica* la actividad ha reforzado la calidad del aprendizaje teórico sobre las temáticas tratadas. Por su parte el aprendizaje de los estudiantes de la asignatura *Geografía de la Población* se ha visto mejorado en relación a la manera de representar información vinculada al fenómeno de las migraciones y el manejo de bases de datos. En consecuencia, se ha podido comprobar y verificar una mejora de los aprendizajes significativos puesto que en su colaboración, geógrafos y periodistas, han puesto en práctica conocimientos curriculares específicos de su carrera.

Los docentes han mostrado su grado de satisfacción con el proyecto llevado a cabo y, además, han puesto en valor la transferencia divulgativa de los diferentes productos informativos (podcast e infografías) trabajados, que están publicados en medios de comunicación digitales, con el fin de que cualquiera pueda acceder a ellos, de manera ubicua y asíncrona. En definitiva, se ha respondido a los fundamentos de una práctica de aprendizaje-servicio, en la que la aportación social también está imbricada en los propios objetivos.

El proyecto presenta, por último, ventajas estimables como su sostenibilidad en el tiempo y aplicabilidad ya que puede realizarse con los medios técnicos de los que disponen las universidades, no tiene un coste excesivo y, eligiendo adecuadamente los temas a tratar, es posible aplicar la metodología a muchos otros cruces de asignaturas y titulaciones universitarias.

Referencias bibliográficas

Basinger, N. y Bartholome, K. (2006). "Service-Learning in Nonprofit Organizations: motivations, expectations, and outcomes". *Michigan Journal of Community Service*. Recuperado de: http://quod.lib.umich.edu / m/ mjcsl/3239521. 0012. 202 /1/ —service -learning-in -nonprofit -organizations -motivations ?view=image. [Recuperado 27/12/2017].

Dorsey, B. (2001). "Linking Theories of Services-Learning and Undergraduate Geography Education". The Journal of Geography, 100, 3: 124-132. Recuperado de: http://gdn.glos.ac.uk/jg/2001.htm#Dorsey01

Escalona Orcao, A.I.; Marta Lazo, C. y Zúñiga Antón, M. (2017): La aplicación del aprendizaje servicio (*ApS*) a la innovación docente universitaria en Geografía Humana. XIV Encuentro de Geógrafos de América Latina, La Paz (Bolivia)

Marta Lazo, C. y Solans García, M. A. (2016). "Aplicación de la metodología de Aprendizaje Servicio: un proyecto entre alumnos de terapia ocupacional y de periodismo". *Congreso Universitario Internacional sobre la comunicación en la profesión y en la universidad de hoy: contenidos, investigación, innovación y docencia.* Madrid: Universidad Complutense

Nogales Bocio, A.; Marta Lazo, C., Bernad Conde, S., Ramos Antón, R., Escalona Orcao, A.I. y Zúñiga Antón, M. (2017): El proyecto "Aprender a divulgar la ciencia (III)". Una experiencia interdisciplinar de divulgación científica a través de las TIC en los Grados de Periodismo y Geografía y Ordenación del Territorio de la Universidad de Zaragoza". Comunicación presentada a las *VIII Jornada de Buenas Prácticas en la Docencia Universitaria con Apoyo de TIC*. Zaragoza, Universidad de Zaragoza, 12 de septiembre de 2017.

Anexo 1. Cuestionario inicial y final del proyecto de innovación

Fecha de realización:
Asignatura:
Edad:
Sexo: ☐H   ☐M

Valora de 1 (muy baja) a 5 (muy alta) tu aptitud o capacidad actual para:

1. *Demostrar conocimiento de la temática trabajada en el proyecto*
       ☐1   ☐2   ☐3   ☐4   ☐5
2. *Explicar con detalle los factores y efectos del tema*
       ☐1   ☐2   ☐3   ☐4   ☐5
3. *Demostrar comprensión y usar correctamente los conceptos propios del tema*
       ☐1   ☐2   ☐3   ☐4   ☐5
4.*A Manejar las fuentes especializadas sobre el tema*
       ☐1   ☐2   ☐3   ☐4   ☐5
4.*B. Manejar las herramientas necesarias para una producción cartográfica, infográfica o radiofónica sobre el tema*
       ☐1   ☐2   ☐3   ☐4   ☐5
5. *Interpretar críticamente la información sobre el tema*
          ☐1   ☐2   ☐3   ☐4   ☐5
6. *Comunicarte correctamente por escrito sobre el tema*
       ☐1   ☐2   ☐3   ☐4   ☐5
7. *Comunicarte correctamente de forma oral sobre el tema*
       ☐1   ☐2   ☐3   ☐4   ☐5
8. *Comprender el enfoque que tus compañeros del otro Grado (Geografía/Periodismo) dan al tema*
       ☐1   ☐2   ☐3   ☐4   ☐5
9. *Incorporar valoraciones críticas en los análisis y actividades realizados en el proyecto*
       ☐1   ☐2   ☐3   ☐4   ☐5
10. *Exponer con rigor académico y claridad tus argumentos ante tus compañeros del otro Grado (Geografía/Periodismo)*
       ☐1   ☐2   ☐3   ☐4   ☐5

DESARROLLO DE UNA METODOLOGÍA CENTRADA EN EL CONTEXTO CERCANO DEL ALUMNO: FACEBOOK COMO FUENTE DE APRENDIZAJE

Dra. Isabel Mengual-Luna

Universidad Católica de Murcia (UCAM), España

Resumen

Actualmente, Facebook, Twitter e Instagram se han convertido en las vías de expresión de los jóvenes y, en muchas ocasiones, de la sociedad en general. Por esto, el planteamiento que surge en la creación de este trabajo es la adaptación de tales redes sociales a las aulas universitarias. Dado el interés que muestran nuestros alumnos por estas plataformas, se propuso, dentro de la asignatura Desarrollo de la Comunicación y de las Habilidades Lingüísticas del Grado en Educación Primaria, una actividad formativa que estuviese desarrollada, íntegramente, en una página de Facebook. Para el desempeño de esta actividad, el alumno tendría que estar activo publicando, comentando y actuando dentro del perfil, vinculando noticias actuales, blog o cualquier entrada relevante para la temática tratada en la asignatura.

Los resultados obtenidos muestran que los alumnos se implicaron en la actividad de manera muy motivada, observando, desde el inicio del curso, un gran interés por la novedad de la vía de comunicación. Los temas tratados no se desviaron de la temática de la asignatura y no se tuvo que intervenir, en ningún momento, para activar la participación. La motivación no sólo fue hacia la plataforma, también hacia la asignatura, puesto que los alumnos encontraban temáticas que eran de su interés y podían llevar, a su día a día, lo encontrado en los contenidos que se daban en clase.

Palabras claves

Redes sociales, innovación educativa, motivación, universidad

Introducción

Internet está presente desde bien temprano en el proceso educativo de nuestros alumnos. La totalidad del alumnado que llega a nuestras aulas universitarias conocen los entresijos de la red que se ha impuesto como fuente de información. Sin embargo, ¿hemos sido los profesores capaces de instaurar internet en nuestras aulas de manera exitosa? O ¿simplemente nos limitamos a meras búsquedas de información, quedando relegadas a tareas auxiliares en las actividades que tienen que desarrollar nuestros alumnos?

En este capítulo trataremos de abordar esta cuestión, haciendo mención a una propuesta innovadora dentro de la asignatura Desarrollo de la Comunicación y de las Habilidades Lingüísticas del Grado en Educación Primaria de la Universidad Católica de Murcia (UCAM).

Muchas son las actividades que realizan, durante sus estudios, utilizando los amplios recursos que les brinda internet y, más hoy en día, con la existencia de los smartphone y las tablet que aportan un plus en el campo de la innovación educativa. Hay muchas alternativas para la realización de actividades motivadoras utilizando todos estos recursos y son varias las experiencias que se desarrollan dentro de nuestra universidad (Parra, González-Sicilia y Beltrán, 2013 y González-Sicilia y Parra, 2013) y, específicamente, dentro del Grado en Educación Primaria. Partiendo de esta experiencia previa de otras asignaturas y la necesidad, como ya veremos más adelante, de instaurar un clima de motivación hacia el aprendizaje, se consideró la posibilidad de tener un nexo de comunicación y debate alternativo a la que se venía realizando en la asignatura. Por ello, se consideró la creación de una página de Facebook para este fin, aspecto que detallaremos en el apartado correspondiente.

Tenemos que tener en cuenta que dicha experiencia ha sido puesta en práctica por otras universidades, teniendo como eje central, establecer un punto de unión entre la comunicación actual de los jóvenes y el ámbito universitario. Es decir, tratan de aportar un plus motivacional al aprendizaje, acercando sus actividades diarias al proceso de enseñanza.

En este sentido, Fonseca, Hernández y Vargas (2014) describen una experiencia desarrollada en las carreras de Ingeniería en Computación y de la Licenciatura en Informática que cursan la materia de Tópicos Selectos de Informática I del Centro Universitario de Ciencias Exactas e Ingenierías de la Universidad de Guadalajara. Una de las partes más interesantes de este trabajo era la creación de materiales propios de los alumnos y su difusión a través de las redes sociales. En este trabajo se pudo constatar la experiencia previa que tenían los alumnos en la creación de material de distinta índole, audiovisual, power point, etc. y su aplicación práctica de la propia asignatura, teniendo como aspecto motivador que sus trabajos serían difundidos entre sus conocidos y todas aquellas personas que el alumno eligiesen, siendo él mismo el autor y difusor de sus propias creaciones. Destacan sus autores que uno de los puntos que se desarrollaron en esta actividad fue la creación de debate y reflexión sobre los contenidos aportados por los propios alumnos, aspecto que denota el aprendizaje de los contenidos y el refuerzo que las redes sociales pueden aportar para su afianzamiento, pasando de una mera transmisión de información a un aprendizaje.

Otra experiencia (Iglesias y González, 2014), esta vez en el Grado de Publicidad y Relaciones Publicas de la Universidad de Alicante, muestra resultados similares. Si bien, uno de los puntos a destacar de este trabajo, que también llevó a cabo la creación de un grupo cerrado de Facebook como punto de intercambio de información de contenidos relacionados con la materia, es la mejora que encontraron los alumnos con respecto a su relación con la profesora de la asignatura. En este caso, el alumnado podía preguntar dudas a través de esta red social, lo que favoreció, no solo el aprendizaje de la materia, también la percepción de cercanía de la profesora. Aspectos, todos ellos, que favorecen la adherencia y la continuidad participativa del alumno en la asignatura y el aprendizaje significativo de los contenidos.

Hay que destacar que, las experiencias que podemos encontrarnos, no se limitan a estudios vinculados a las nuevas tecnologías o la difusión de información, hemos encontrado evidencia de tales actividades innovadoras en estudios tan dispares como Criminología (Pérez, 2015) o Pedagogía (Serrat, 2015).

En primer lugar, el trabajo de Pérez (2015) muestra una experiencia desarrollada dentro de la asignatura Criminología II, perteneciente al Diploma Superior en Criminología de la Universidad de Santiago de Compostela. En este caso, se creó un grupo cerrado de Facebook que tenía como finalidad el intercambio de información entre los miembros de la comunidad, en este caso, los alumnos de la asignatura a la que se hace mención en el trabajo. Los resultados, tal y como especifica Pérez (2015), muestran como las redes sociales, específicamente Facebook, promueven un aprendizaje informal y colaborativo, fruto de la creación de materiales compartidos, aportados por los propios alumnos, aspecto que favorece la autonomía, al igual que la motivación por su propio aprendizaje.

Por su parte, Serrat (2015) muestra, no solo que las redes sociales son una fuente motivadora en el aprendizaje de los contenidos de las asignaturas en las que se implantan, también pueden ser una fuente de aplicación en su vida laboral futura. En su trabajo, centrado en la aplicación de las redes sociales como fuente de aprendizaje en asignaturas vinculadas al Grado en Pedagogía, muestra que los alumnos fueron capaces, no solo de adquirir un conocimiento más efectivo de los contenidos de la propia asignatura, fueron capaces de ver su funcionalidad para su aplicación futura como metodologías docentes en su labor como pedagogos, siendo no solo sujetos participantes de la innovación, también futuros creadores de la misma.

Todas estas experiencias expuestas en este apartado denotan el claro beneficio que la implantación de las redes sociales, como herramientas de aprendizaje, tienen en la consolidación de los conocimientos de las asignaturas universitarias. Además, ya no solo hablamos de un mero aprendizaje de contenidos, destacamos el poder que dichas experiencias tienen en la autonomía del aprendizaje y su extrapolación a sus futuras labores profesionales. Siendo, por último, una fuente de clima positivo entre el alumnado y los docentes, aportando, esto último, una cercanía que favorecerá la implicación del alumno y su deseo por seguir aprendiendo en este contexto.

En los siguientes apartados describiremos la experiencia llevada a cabo dentro del Grado en Educación Primaria de la UCAM, aportando los resultados que dicha experiencia ha conllevado para nuestros alumnos y para la docencia de la asignatura objeto de innovación.

Objetivos Generales

El objetivo central de este trabajo se puede resumir en lo siguiente:

- Motivar al alumnado hacia la asignatura Desarrollo de la Comunicación y de las Habilidades Lingüísticas del Grado en Educación Primaria de la Universidad Católica de Murcia (UCAM), a través de la creación de una vía de comunicación y difusión del conocimiento alternativa.

Siguiendo para ello una serie de objetivos específicos que estaban encaminados a:

- Buscar un punto de comunicación cercano a su contexto y a sus motivaciones.
- Crear un punto de reflexión y búsqueda de información a través de las redes sociales.
- Crear metodologías teniendo como eje central la motivación del alumnado al que va dirigido.

Método

Esta actividad surge dentro de una de las asignaturas obligatorias del Grado en Educación Primaria de la UCAM, encuadrada en el segundo curso académico. La asignatura en cuestión, Desarrollo de la Comunicación y de las Habilidades Lingüísticas, tiene una temática en la que prima la comunicación como fuente central de la labor docente, siendo ésta fundamental en el desempeño y aprendizaje de los contenidos de la misma. Por ello, era preciso que el alumno estuviese implicado en los temas tratados y se crease un clima centrado en la creación de debates, puntos de reflexión y actividades que tuviesen como centro el intercambio de ideas y conocimientos.

Sin embargo, nos encontramos con un alumnado desmotivado por dichas actividades. Dada la falta de participación en todas las actividades que se planteaban, se destinó una clase de una hora de duración al debate de la situación, primero de manera oral y, posteriormente, una recogida de una reflexión personal escrita sobre el motivo que llevaba a dicha desmotivación.

Los resultados obtenidos de dicho debate oral y escrito se resumen en los siguientes puntos:

-   Timidez a hablar en público.
-   Desinterés en los temas tratados a debate.
-   Desinterés en las metodologías llevadas a cabo hasta el momento en la asignatura.

Estos resultados principales, llevaron a la consideración de modificar la metodología llevada hasta el momento, incluyendo una actividad que rompiese el clima que se había establecido.

Para ello, se establecieron una serie de puntos clave que tenía que seguir la actividad:

-   Debía romper con lo que se había realizado anteriormente en la asignatura.
-   Debía perdurar durante todo el periodo de docencia de la asignatura.
-   Tenía que involucrar a todo el alumnado, siendo cada uno de ellos agentes clave del proceso.
-   Debía establecerse en un contexto motivador y cercano al alumnado.
-   No debía establecerse como una obligación.
-   Debía tener una recompensa tangible en el resultado final de la asignatura.

Tras analizar las posibilidades con las que se contaban para crear un clima lo más motivador posible: nuevas tecnologías, lecturas con temáticas cercanas al alumnado, series de televisión que pudiesen tener un punto de unión entre la asignatura y el alumnado, etc. Se llegó a la creación de una actividad teniendo como fuente fundamental las redes sociales.

Por ello, se llevó a encuesta entre el alumnado la red social más utilizada, siendo Facebook la más popular, con un 100% de uso entre el alumnado. Otras redes sociales que se analizaron fueron: Twitter (85% de uso) e Instagram (descartada por su uso exclusivo a través de imágenes).

Tras el análisis de las redes sociales, se confeccionó la actividad que se llevaría a cabo con el alumnado de la asignatura.

Descripción de la actividad

Como ya se ha comentado, el eje central de la actividad era la creación de un foro de discusión, reflexión y punto de comunicación a través de la red social Facebook.

Para ello, se estableció una página de Facebook con acceso restringido a los alumnos de la asignatura, dicho acceso fue controlado por la profesora de la asignatura.

No se establecieron normas muy estrictas, pero el alumno tenía que seguir una serie de pautas para el correcto uso de la página y el buen desempeño de la actividad:

- Los temas tratados tenían que estar centrados en contenidos propios de la asignatura.
- Debía crear, como mínimo, 10 foros de debate, en todo el transcurso de la asignatura, de Octubre a Febrero.
- Debía contestar a los comentarios de los compañeros, aportando información o reflexión sobre lo aportado, no limitando su participación a un me gusta o un comentario superfluo.

El rol de la profesora era otro aspecto que se tenía que tener muy en cuenta y que había que analizar y delimitar claramente. Estas fueron las pautas que se establecieron para su participación.

- Podría contestar a los comentarios de los alumnos, como un partipante más.
- No crearía fuentes de debate, para dar libertad al alumnado y no marcar la línea de conversación.
- Solo ejercería su papel corrector en momentos puntuales, en los cuales la conversación derivase a contenidos ajenos a la asignatura.

La actividad tendría una serie de cuestiones formales relacionadas con la participación y la calificación final.

- La participación sería obligatoria en aquellos casos que quisieran la máxima puntuación final. Pero, sería voluntaria, no derivando su no participación en un suspenso directo en la calificación final.
- La puntuación sería el 10% de la calificación final, encuadrándose en el 60% de la parte práctica de la asignatura. Se valoraría el nivel y la calidad de la participación.

Conviene señalar en este punto, las características del alumnado con el que trabajamos durante el semestre que duró la asignatura.

Descripción de la muestra

El total de alumnos del curso fue 32 alumnos, de los cuales participaron en la actividad 28. Las cuestiones de no participación fueron diversas: opción personal, no asistencia a clase y reconocimiento de la asignatura.

La edad de los participantes fue de un rango entre 19 y 35 años , siendo la media de edad 20.64 años.

El uso de las redes sociales era una actividad diaria de todos los participantes, siendo su uso estimado medio de 6 veces diarias con una duración media de una hora cada ocasión. Hay que destacar que estos datos son subjetivos, derivados de una reflexión personal, pudiendo ser un uso mayor si se rescatan de datos objetivos, que, por motivos de tiempo y planificación, fueron imposibles de realizar.

El conocimiento de las opciones y posibilidades de la red social Facebook eran ampliamente conocidas por todos los participantes, por lo que no fue necesaria ninguna indicación ni sesión previa para el aprendizaje de su uso.

Resultados

Los resultados que nos encontramos durante el transcurso de la experiencia fueron mucho más allá de lo esperado.

En primer lugar, cabe destacar que la participación del alumnado fue mayoritaria, contando con el 87.5% de participación, siendo muy escasa y de diversa índole, en su mayoría externa a la naturaleza de la experiencia, su no adherencia a la experiencia.

Es preciso pormenorizar el tipo de participación que llevaron a cabo los alumnos en esta actividad, siendo muy variados los recursos utilizados por el alumno, así como los contenidos tratados.

Entre los recursos utilizados por los alumnos para compartir conocimientos entre sus compañeros destacan:

- Videos de distintas plataformas de internet.
- Noticias en prensa digital.
- Blog vinculados.
- Enlaces a páginas web vinculadas.
- Campañas publicitarias.

Como ya hemos comentado, también fueron diversos los temas tratados, destacando en este punto que todos los temas de la asignatura fueron objeto de interés por el alumnado. Hay que señalar, que no era un requisito de la actividad, teniendo, el alumno, libertad para tratar aquellos temas que más le interesaban, sin tener que abordar cada uno de los temas de la materia.

Pero, quizás, los resultados que más llamaron la atención fueron los derivados del uso de esta red social para la dinámica del aula y su posterior funcionamiento en los temas tratados presencialmente.

Fueron numerosos los debates que trascendieron de la plataforma digital al aula, siendo los propios alumnos los que impulsaban estos debates. De hecho, en muchas ocasiones, tuvo que modificarse la planificación de la asignatura, debido al interés que habían suscitado determinados contenidos tratados en la red social. Por lo tanto, podemos destacar que los resultados trascendían de la red social, hacia un aprendizaje dentro del aula.

Aunque, como pudimos ver, esta dirección red social-aula, no fue la única que nos encontramos, siendo la inversa, aula- red social, otra de las vías de debate y creación de contenidos. En este sentido, fueron muchas las ocasiones en las que los alumnos derivaban los temas tratados en clase a la red social, aportando datos que encontraban en internet o meras reflexiones sobre los temas tratados. Lo curioso de este aspecto es que se producía en un transcurso de tiempo muy corto, en general, nos encontramos que el alumno planteaba cuestiones relacionadas con la temática trabajada en clase, el mismo día en el que eran tratados.

Todos estos resultados muestran una implicación completa del alumno que participó en la actividad, favoreciendo un aprendizaje significativo y creando un clima motivacional en el aula, que había estado ausente en los primeros momentos de la asignatura.

Discusión y conclusiones

Los resultados de esta experiencia innovadora corroboran lo que otros estudios (Fonseca, Hernández y Vargas, 2014; Pérez, 2015; Iglesias y González, 2014 y Serrat, 2015) habían destacado en sus estudios: el poder de aprendizaje significativo que tiene la implantación de las redes sociales como herramienta de enseñanza.

Es bien conocido el uso que los jóvenes, algunas veces catalogado como excesivo, hacen de las redes sociales e internet. Si consideramos que el aprendizaje significativo es uno de los objetivos que se persigue en todos los ámbitos académicos y educativos, ¿por qué no acercarnos a los contextos que los alumnos tienen a su alcance y que utilizan como principal fuente de conocimiento? ¿por qué no servir de guías en un uso efectivo de las redes sociales e internet para su correcto aprendizaje?

Siguiendo estos interrogantes, nuestros datos constatan que este acercamiento es posible y además, favorece el aprendizaje significativo, además de otros muchos beneficios que hemos detallado en el apartado anterior: mejoría del clima del aula, motivación hacia la materia y hacia el debate, así como ser un impulsor de la comunicación entre los integrantes del aula.

En este sentido, cabe resaltar que uno de los objetivos principales de nuestro trabajo estaba centrado en impulsar la motivación del alumnado, aspecto que se ha visto claramente conseguido, dados los resultados expuestos. Muchos son los comentarios encontrados entre el profesorado de los distintos niveles educativos sobre la desmotivación imperante hacia el aprendizaje por parte de las nuevas generaciones. Con este tipo de experiencias que se han ido planteando en este trabajo y la propia que se expone, podemos dar un poco de luz para el impulso de la motivación en las aulas, encontrando un punto de unión, comunicación y acercamiento a través de contextos que se han descartado como herramientas de aprendizaje, limitándolas a un mero uso social o de ocio. Por lo tanto, es preciso reflexionar sobre el uso de las nuevas tecnologías en las aulas, dado que, evidentemente, ya son muchos los años que dichos recursos son accesibles para todas las etapas educativas y ahora, quizás, sea preciso valorar si el uso que se le está dando es el adecuado o necesita de una reformulación por parte de la comunidad educativa, siendo necesaria una renovación de las metodologías seguidas para su implementación en las aulas.

Si bien, evidentemente, el uso de este tipo de actividades en las aulas educativas, específicamente, en las universitarias, lleva asociado un cambio en las metodologías trabajadas hasta el momento, pero más cercanas a lo que los tiempos nos exigen. Debemos seguir trabajando en equipo y remarcando la autonomía del alumno en el aprendizaje, como las reformas universitarias remarcan, y para ello tenemos un recurso que potencia todos estos aspectos. Los diferentes recursos que nos aparta Internet son innumerables, siendo específicamente, las redes sociales, una herramienta poco investigada y utilizada. Como hemos podido ver, este tipo de recursos de internet aporta al alumno la autonomía, la motivación y el impulso que otros recursos, como la mera búsqueda bibliográfica, no puede llevar asociada.

Además, tal y como se ha visto en el transcurso de esta experiencia son muchas las actividades que se pueden englobar dentro del uso de las redes sociales: no solo ayuda a la transmisión de información, también ayuda a que el alumno encuentre una vía de difusión sobre su propio trabajo y reflexiones, además de ser una vía de comunicación entre el alumnado que ayuda a derribar los obstáculos que nos encontramos, en muchas ocasiones, en las aulas universitarias: timidez, falta de motivación, entre otras.

Sin embargo, tenemos que tener en cuenta que el uso de las redes sociales como herramienta de aprendizaje, no pueden sustituir a otras metodologías y actividades desarrolladas en el aula: debates presenciales, lectura de documentos científicos, redacción de textos, entre otros. Debemos tomar las actividades vinculadas a las redes sociales como un impulsor de la motivación. Por ello, el profesor tiene que tener presente que debe contar con una serie de recursos que impulsen la transmisión de esta motivación a las aulas, promoviendo que el debate generado en las plataformas se traslade a las aulas. Si la experiencia y la motivación se limitan a la pantalla del ordenador no habremos conseguido el objetivo primordial, la motivación del alumnado a la materia en todos sus ámbitos.

Por lo tanto, podemos ver que el uso de las redes sociales, tal y como hemos comentado, es cada vez mayor, sin embargo, requiere de una planificación y una organización de la actividad que favorezca la implicación del alumnado y la consecución de un aprendizaje significativo. En este sentido, debe quedar muy claro que, aunque el alumno debe ser el que guíe su propio aprendizaje, promoviendo temáticas y aplicando los recursos y los conocimientos aprendidos, el profesor debe velar por el correcto funcionamiento de la plataforma y de la actividad, en general, sirviendo de guía e impulsor de la actividad. Este aspecto llevará asociado un trabajo de supervisión que, en muchas ocasiones, es costoso en tiempo y esfuerzo, dado que su revisión debe ser casi diaria, pero es cierto que, los beneficios para el alumnado y el aula en general, superan estos aspectos.

Por último, cabe señalar que, aunque este trabajo y los que se han planteado a lo largo del texto, se limitan al contexto universitario, es cierto que, es necesario extrapolarlo, como ya hemos visto anteriormente, a otras etapas educativas. Este aspecto favorecerá el aprendizaje, la motivación y la implicación del alumnado, además de ser una fuente de inclusión muy importante en el aula.

En resumen, los datos aportados muestran los grandes beneficios que la implantación de las redes sociales en las aulas tienen para nuestro alumnado. Sin embargo, es preciso seguir indagando en el tipo de actividades que podemos plantear, no limitando su uso a un foro de debate y comunicación sobre datos encontrados en internet. Son muchas las posibilidades que estos recursos pueden aportar en nuestras enseñanzas, es el momento de indagar e investigar en este sentido.

Referencias bibliográficas

Fonseca, L.B., Hernández, N. I. y Vargas, M. (2014). Facebook: una experiencia universitaria. *Paakat: Revista de Tecnología y Sociedad, "innovación y difusión de la tecnología, 3* (5), 1-6.

González- Sicilia, M. y Parra, M.C. (2013). El uso de facebook como herramienta de aprendizaje colaborativo en la asignatura de marketing aplicado a la comunicación. En J.J. González, Metodologías activas en la universidad, pp. 157-164. Murcia: Universidad Católica de Murcia.

Iglesias, M. y González, C. (2014). Facebook como herramienta educativa en el contexto universitario. Historia y Comunicación Social 19 (Núm. Esp), 379-391.

Parra, M. C., González-Sicilia, M. y Beltrán, M.A. (2013). La creación de grupos de Facebook como apoyo a la enseñanza universitaria. Una aplicación en la materia de marketing. En http://www.uned.ac.cr/academica/edutec/memoria/ponencias/parra_sicili a_%20beltran94.pdf

Pérez, N. (2015). Facebook como plataforma de aprendizaje. Revista científica electrónica de Educación y Comunicación en la Sociedad del Conocimiento, 15 (2). http://eticanet.org/revista/index.php/eticanet/article/view/70/65

Serrat, N. (2015). Metodologías participativas y Facebook en el ámbito universitario. Innoeduca. International Journal of Technology and Educational Innovation, 1 (1), 25-32.

CAPÍTULO V

LA ALFABETIZACIÓN MEDIÁTICA EN LA FORMACIÓN INICIAL DE LOS DOCENTES: PENSAMIENTO CRÍTICO Y TIC

Dra. Patricia Gutiérrez Rivas
Universidad Católica de Murcia, España

Resumen

En la formación inicial de los docentes, sea de cualquier nivel educativo, se hace necesario orientar los estudios a la adquisición de las diversas competencias que requiere el marco europeo de educación superior y que le servirán para su futuro profesional, pero también para desarrollarlas en sus futuros estudiantes. Partimos de la premisa de que hay que devolver a la educación su verdadera dimensión, aquella que se orienta a la formación integral del estudiante. En este paradigma se recobra la importancia de desarrollar las habilidades superiores del intelecto partiendo de la base de una sólida cultura.

La comunicación se orienta, por tanto, a plantear un modelo de enseñanza en los grados de Infantil y Primaria cuyo objetivo final sea la de formar docentes preparados para la vida moderna, que sepan actuar en ella con un pensamiento crítico y con una gran variedad de recursos, adquiridos a partir de unos sólidos conocimientos teóricos. Estamos convencidos que este camino se puede recorrer desde cualquier área de conocimiento y desde cualquier nivel educativo. En esta ocasión, la propuesta se asienta sobre tres vértices: el desarrollo del pensamiento crítico será el producto final logrado a partir de la competencia cultural y las herramientas TIC.

Palabras Claves:

Alfabetización mediática - pensamiento crítico – formación– docentes - tic

Introducción

En la actualidad nadie niega la necesidad de una alfabetización mediática en todos los niveles educativos, desde edades tempranas hasta la universidad, precisamente por las características de la sociedad actual que demanda cada vez más información inmediata y de calidad. Si nos centramos en el campo educativo, específicamente en la formación inicial de los maestros, la alfabetización mediática y competencia digital es una de las aptitudes esenciales que deben conseguir los futuros docente, las que se identifican formando parte de las competencias trasversales exigidas desde el marco europeo de educación superior como son la *capacidad de gestión de la información así como la capacidad de análisis y síntesis*. Pero también de las competencias específicas, propias de su especialización: *fomentar en los alumnos experiencias de iniciación a las tecnologías de la información y la comunicación*. De esta manera, se pretende que el estudiante de Magisterio adquiera una formación adecuada en el uso de estas herramientas. Lo que se resume en procurarles una educación mediática con todo lo que ello implica: que sea capaz de buscar información, de que pueda procesar y transformarla en conocimiento, pero también de ayudar a sus estudiantes a realizar el mismo camino.

La comunicación que se detalla se orienta también a buscar un cambio en los procesos de enseñanza universitaria cuya meta sea la de formar un docente preparado para la vida moderna, que sepa actuar en ella con un pensamiento crítico y con una gran variedad de recursos, sin olvidar la formación de una sólida cultura general. Esta última idea, la de la adquisición de unos conocimientos teóricos, se ha convertido en el eje central de los proyectos que venimos desarrollando desde hace unos años en las aulas universitarias. Porque de nada sirve que los estudiantes tengan dominio de las más actuales herramientas virtuales y tecnológicas, o de las metodologías o recursos más innovadores si no dominan los contenidos que van a trasmitir. En definitiva, conseguir una formación más humanística y perfeccionadora de sí mismos y de sus futuros discentes.

Esta propuesta forma parte de un proyecto más amplio y a largo plazo que se viene realizando en la Universidad Católica de Murcia, en los grados de Infantil y Primaria, que se enmarca en la línea de *enseñar a pensar* a los estudiantes pero también de que *quieran aprender,* con una motivación intrínseca derivada de la propia curiosidad por el conocimiento, por los nuevos aprendizajes. El objetivo principal del proyecto se *enseñar a pensar* a los futuros maestros (desarrollar su pensamiento crítico) supone poner en práctica sus habilidades de pensamiento superiores como analizar, comparar, deducir, emitir opiniones críticas, etc. El desarrollo de estas categorías de pensamiento se viene trabajando con prácticas en el aula y trabajos grupales colaborativos vinculados a la enseñanza de las Ciencias Sociales y apoyados en el manejo de diversos recursos didácticos entre ellos las herramientas TIC.

Cualquier propuesta que pretenda el desarrollo de la competencia mediática en la educación reglada o en la universidad deberá ir ligada necesariamente a la formación del profesorado, que es quien tiene que acercar la alfabetización digital a sus alumnos de forma adecuada, esto es de manera *crítica y creativa*. Para conseguir este propósito, tanto alumnos como docentes deben recuperar su capacidad de pensar, su libertad para hacer cosas nuevas y creativas y sobre todo su ilusión por investigar (Pérez, 2016). El lugar idóneo para desarrollar estas capacidades sigue siendo la Universidad, o debería seguir siendo esta institución educativa, aunque para ello debamos recuperar su verdadero sentido. Sabemos que las universidades no fueron fundadas únicamente para la trasmisión de conocimientos, sino para enseñar a los alumnos a que busquen la verdad por sí mismos, a que aprendan a investigar. Por ello, se hace necesario recuperar las Humanidades en los planes de estudio porque son las materias que nos preparan para *pensar y crear*. Ante la pregunta, de por qué estas disciplinas deben recuperar su papel protagonista en la sociedad del Tercer Milenio, Sesé Alegre manifestó en el discurso que pronunció en la apertura del curso académico de la Universidad de Piura (Perú): "porque las humanidades adiestran la inteligencia, disciplinan la voluntad, inspiran el amor al bien y la belleza, educan la sensibilidad, sustentan el respeto por los demás y por uno mismo, facilitan la vida interior y la unicidad" (Sesé, 2002). En definitiva, porque ayudan a la formación del hombre en su unicidad, en su ser como persona más allá de su ser profesional.

En esa misma línea, no solo las humanidades deben recuperar su papel protagonista sino que además abogamos por la necesidad de reivindicar el valor del conocimiento por sí mismo (el *saber*), y no únicamente *el saber hacer* (identificado con las habilidades técnicas y prácticas). Se hace vital desmitificar que el aprendizaje de contenidos requiere esfuerzo (como si cualquier esfuerzo fuera nocivo para el estudiante), o que aprender y estudiar es aburrido, o que el alumno no es capaz de retener tanta información y que por ello pierde el interés rápidamente. Pareciera que los contenidos no importan y que solo son un instrumento para tener alumnos felices, motivados y que aprendan sin ningún esfuerzo. En una entrevista concedida a un diario, Alberto Royo, autor del libro "La sociedad gaseosa" plantea que hemos dejado que ciertos gurús de la educación nos convenzan de que el saber implica sufrimiento, frialdad y aburrimiento, olvidándonos de que no hay nada más apasionante que aprender. Compartimos con el profesor citado de que es difícil disfrutar con profundidad de algo hermoso sin tener un cierto conocimiento de aquello que estamos observando o que queremos que se convierta en aprendizaje.

Lo mencionado es consecuencia de la visión actual que se tiene de la educación vista como una mera adquisición de conocimientos básicos y superficiales, en la que solo importa lo inmediato. Para contrarrestar este enfoque limitado, el pedagogo Pablo Pérez aboga porque la educación sea exigente en todos los aspectos: *personalidad, valores, inteligencia y conocimientos* porque de lo contrario se "origina un país con gente mediocre intelectualmente, pobre en valores y sentimentalmente superficial, incapaz de grandes tareas" (Pérez, P. El reto del nuevo gobierno: Humanizar la educación. Diario El Tiempo). Y aunque la radiografía que realiza el pedagogo es sobre la educación peruana reconocemos las mismas limitaciones y peligros en la sociedad española.

Precisamente la excesiva importancia que se le viene concediendo a la técnica y al aprendizaje práctico e instrumental en los planes de estudios universitarios actuales, especialmente en los grados de Infantil y Primaria, ha ocasionado que tengamos aulas llenas de alumnos que demandan cada vez más menos contenidos o los mínimos necesarios para aprobar, pero además con escasas ganas de aprender, sin imaginación ni creatividad, ni curiosidad por el aprendizaje en sí mismo. Asimismo, aunque se insista continuamente que en la universidad incorporemos metodologías que ayuden a los estudiantes a trabajar de forma autónoma, no es tan sencillo ni fácil si no saben trabajar con estos métodos ya que están acostumbrados a demandar que todo el conocimiento les llegue cerrado.

De todo lo descrito, se deriva que no se entiende el desarrollo de cualquier competencia, sea la mediática, digital o cualquier otra, sin que medie la competencia cultural (que se relaciona con el aprendizaje de conocimientos teóricos) porque de otra manera nos encontraríamos con una visión de la educación vacía y simplista, contraria a la visión humanista que aboga por el perfeccionamiento integral de la persona.

Con el propósito de aportar alguna solución a la realidad que hemos descrito y analizado, desde las aulas de magisterio venimos trabajando proyectos que buscan recuperar el verdadero sentido de la educación, que incidan en la formación integral de los futuros docentes. No pretendemos que los proyectos sean únicamente teóricos, sino que se han diseñado e implementado estrategias cognitivas que permitan a los estudiantes desarrollar procedimientos mentales para adquirir, elaborar, organizar y utilizar información que les lleve a enfrentarse a las exigencias del medio, a resolver problemas y tomar decisiones adecuadas. Una de las áreas a las que hemos vinculado el desarrollo del pensamiento crítico y creativo es el área de las Ciencias Sociales, concretamente con la enseñanza de Geografía, Historia e Historia del Arte, utilizando como recursos didácticos las herramientas virtuales y digitales.

Como ya se ha manifestado líneas arriba, las características de la sociedad actual hacen necesaria una alfabetización mediática en todos los niveles educativos. La necesidad se hace aún más evidente al tratarse de la formación de los futuros docentes. Una educación mediática con base tecnológica a la que hacen referencia las autoras, García-Ruíz, Ramírez-García y Rodríguez-Rosell (2014, p:17) y que pretende "formar individuos creativos, participativos, libres, pero también dotados con altas dosis de responsabilidad y de visión crítica" para manejar la ingente cantidad de información que se transmite a través de la red.

En ese sentido, Melgarejo y Rodríguez (2013) abogan por que la alfabetización mediática se debería regir por un nuevo paradigma educativo, imprescindible para hacer frente a la sociedad multipantalla y al que han denominado *tecno-holístico*. Proponen que el logro de esta competencia no debe olvidarse de la *educación holística*, la que se orienta al desarrollo humano, pese a que vivamos en una sociedad dominada por la materialidad de la tecnología. El paradigma propuesto coincide con la idea que planteamos, de orientar el proceso de enseñanza-aprendizaje al perfeccionamiento de las habilidades de pensamiento superiores, utilizando en este caso, a las herramientas digitales y virtuales.

En los planes de estudio de los grados de Magisterio (Infantil y Primaria) la competencia mediática tiene un papel destacado, precisamente por su innegable presencia en los currículos escolares. Los objetivos de aprendizaje de esta área en los grados mencionados orientan su enseñanza al *conocimiento y dominio* de las Tecnologías de la Información y Comunicación (TIC), así también que los estudiantes *diseñen* sus propios recursos audiovisuales, además de que sean capaces de *planificar e implementar* acciones educativas en las que se promocionen y utilicen las tecnologías de la información y comunicación. Se incide también en la adquisición de una actitud crítica hacia el uso de las TIC no solo en los procesos de enseñanza-aprendizaje, sino también en la vida diaria. Como vemos, por lo menos en teoría, la preocupación de formar a los futuros en esta competencia queda claramente patente.

Pero, la experiencia demuestra que no es suficiente que los estudiantes de Magisterio conozcan y diseñen sesiones de aprendizaje con una u otra herramienta TIC, sino que deben aprender a integrarlas en el aula para transmitir nuevos contenidos utilizando un enfoque significativo. Esta orientación no solo debe centrarse en lo que *le es conocido al niño*, sino que los nuevos aprendizajes sean reveladores para el desarrollo personal y le sean válidos para su actuación en la sociedad. Carecería de valor didáctico cualquier estrategia si nos centramos solo en el aprendizaje inmediato e incluso manteniendo únicamente su carácter lúdico, si no se incluye como fin último el perfeccionamiento del pensamiento crítico de los alumnos. Por ello, insistimos en una alfabetización mediática de los futuros maestros que les prepare para saber distinguir la diversidad de información que brindan las TIC aprovechando sus potencialidades educativas, tanto *formativas como de conocimiento*. Es lo que las investigadoras Melgarejo & Rodríguez (2013) reclaman en la urgencia de formar *educomunicadores*.

Insistimos que la base cultural, es decir estar en posesión de unos conocimientos básicos que solo los brinda el estudio de las Humanidades, debe ser el punto de partida de toda formación docente, ya sea la que se realiza en la universidad o la que estamos obligados a realizar durante toda la actividad docente. Recordemos si no la máxima de la escolástica medieval: *"Primero saber, luego enseñar"*. Por tanto, con una adecuada base conceptual sólida, los estudiantes pueden desarrollar más fácilmente una alfabetización mediática que puede ser aplicable a cualquier nivel educativo ya que solo de esta manera conseguiremos una formación más humanística y perfeccionadora de los futuros maestros como de sus discentes.

Centrándonos en el tema que nos ocupa en esta comunicación, cabe preguntarse, cómo orientar la enseñanza universitaria para ayudar a los estudiantes de Magisterio a adquirir la competencia mediática desde cualquier área o materia del plan de estudios universitarios. La respuesta a esta interrogante la daremos con la descripción de los proyectos de aula con los que hemos intentado aplicar los objetivos planteados para este fin.

Objetivos Generales

Con este propósito se han diseñado algunos objetivos que marcaron el desarrollo de los proyectos llevados a cabo en las aulas de 2º y 3º curso de Educación Primaria e Infantil respectivamente.

- Fomentar y desarrollar el pensamiento crítico y creativo de los estudiantes de Magisterio desde el área de las Ciencias Sociales utilizando las herramientas virtuales y digitales.

- Formar en la alfabetización mediática a los futuros maestros que les prepare para manejar de forma crítica las TIC aprovechando sus potencialidades educativas.

- Recuperar el valor del conocimiento por sí mismo (saber) como base esencial de aprendizajes significativos.

- Diseñar estrategias didácticas para la enseñanza de contenidos históricos potenciando el pensamiento crítico y la alfabetización mediática.

Desarrollo del trabajo

Antes de describir los trabajos realizados en los grados de Educación Infantil y Primaria se hace necesario manifestar que para ser profesores innovadores y creativos en nuestros aulas, es imprescindible que el maestro sea el principal artífice de este cambio, con iniciativa para innovar en su aula sin esperar a que el gobierno de turno lo exija o porque nos lo exige la sociedad moderna. Al respecto, el pedagogo Pérez Sánchez reclama para el docente mayor autonomía y libertad en sus aulas:

> Ahora nos encontramos con que los profesores reciben en los colegios todo el currículo de que deben enseñar cada año, en cada clase, en cada aspecto. También se les dice cómo hacerlo. Hay un centralismo que es absolutamente contrario a lo que es la educación, y que está acabando con la creatividad de los profesores y quizá acabe aburriéndolos... (Pérez, 2016. El reto del nuevo gobierno: Humanizar la educación. Diario El Tiempo)

Una idea que compartimos plenamente con el docente universitario mencionado porque, aunque la sociedad exija al docente actualizarse constantemente en el conocimiento y uso de metodologías y recursos didácticos, debe conservar siempre su autonomía para diseñar y realizar sus clases de forma crítica y creativa. Y es que la centralización por parte de los estados y la uniformidad de la educación actual obliga al maestro a estar preocupado y pendiente de acabar con el plan de estudios exigido, o de resolver día a día asuntos administrativos y burocráticos que le restan tiempo para lo que es verdaderamente importante: la educación de sus alumnos.

Partiendo del pensamiento del pedagogo mencionado, la propuesta que planteamos requiere del maestro y, en este caso concreto, del estudiante de magisterio una gran autonomía y libertad para diseñar sesiones de aprendizajes creativos, lúdicos pero que al mismo tiempo desarrollen las habilidades de pensamiento del niño, y si para ello debe alejarse del currículo, pueda hacerlo. Pongamos un ejemplo de lo que pueden hacer los maestros de cualquier nivel educativo. Son muchos los maestros de Educación Infantil que atendiendo a lo abierto de los contenidos de este nivel, y sobre todo a su interés para que los niños consigan aprendizajes significativos desde edades precoces, diseñan e incorporan contenidos que incluso las mismas teorías pedagógicas *de moda* desaconsejan por la "supuesta dificultad de asimilar" en las mentes de los niños, o que alegan que por su desarrollo intelectual solo hay que enseñarle lo cercano a su entorno. Se trata de verdaderos maestros innovadores que plantean sus clases con las metodologías que consideran oportunas sin tener que recurrir a aquellas que están de moda, ni tampoco se dejan deslumbrar por los resultados que se han conseguido en otras realidades educativas. En definitiva, hay que atreverse a trabajar de forma diferente y al mismo tiempo innovadora, utilizando incluso recursos y metodologías tradicionales y que son propios de ese nivel, nos referimos al cuento, el juego, las canciones, etc.

En el caso de los docentes que van a impartir clases en Educación Primaria y para llevar a la práctica el objetivo de potenciar las habilidades de pensamiento superiores a partir de la mejora de la competencia digital y cultural, se eligió la asignatura de Didáctica de las Ciencias Sociales. Hay que recordar que las Ciencias Sociales, y en particular la Historia, ayudan a la formación del pensamiento crítico del estudiante si se orienta estas materias a *"pensar históricamente"* en el que la memorización y la cronología por sí solas, no tienen cabida, ni dicen nada. En cambio, si orientamos el aprendizaje del patrimonio histórico o artístico, de personajes históricos, o de cualquier contenido de la vida cotidiana desde la observación, el análisis y comparación hasta la adquisición de una idea personal y crítica les estaremos llevando a un verdadero aprendizaje significativo, y lo que es más importante, en conexión con la vida real: estaremos *formando por y para la vida*.

Paralelo a este objetivo, conseguido a largo plazo porque es imposible llevarlo a término en una asignatura o en un curso académico, se plantearon asimismo acciones que posibiliten el fomento de la imaginación y creatividad de los futuros maestros, tan necesarios en cualquier etapa educativa, y más si cabe en las aulas de Infantil y Primaria. Hay que recordar que ser docentes creativos no está relacionado únicamente con la creatividad artística, sino también con que sean capaces de encontrar soluciones o alternativas en cualquier problema que se les presente. Por otro lado, un elemento importante que los futuros docentes no debían perder de vista fue la globalización de los conocimientos y el aprendizaje de realidades distintas y lejanas a la suyas. No solo porque las aulas de cualquier región de España presentan una variedad de razas y culturas que se deben incorporar a la enseñanza, sino que ese conocimiento debe formar parte de la formación y crecimiento personal de los maestros. Necesitamos docentes con una amplia y significativa cultura general, independientemente del nivel educativo al que va a impartir clases o de la zona geográfica desde donde va a desempeñar su labor docente, porque si queremos formar y educar a alumnos competentes en conocimientos y habilidades o competencias, no es lógico que el maestro no esté en posesión de esas dos condiciones. Este planteamiento nos lleva inevitablemente a la conocida discusión sobre cómo debe ser la formación del maestro. Con este fin, y para ampliar sus experiencias sobre otras realidades educativas conocieron y analizaron prácticas educativas similares a los proyectos trabajados en escuelas de Perú y Argentina, de esta manera abrimos su experiencia de aprendizaje a la historia de estos países iberoamericano.

En cuanto a la alfabetización mediática de los futuros maestros se ha comprobado que es una de las competencias que más dificultades presenta tanto en su uso y manejo, e incluso en no pocas ocasiones se detecta una total ausencia de la misma, aunque estén conectados en todo momento a sus dispositivos móviles. Los estudiantes de magisterio se muestran muy limitados cuando se les pide que busquen y seleccionen información de calidad sobre un tema académico e incluso de actualidad. Más dificultades encontramos cuando se les demanda que realicen un ejercicio de objetividad para discernir si aquello que están leyendo, y que más adelante transmitirán a sus alumnos, es información de calidad, imparcial y verdadera. Precisamente por la realidad que observamos en las aulas, estamos convencidos que la alfabetización mediática que reclamamos en la universidad debería iniciarse en la escuela primaria e incluso en edades tempranas como en infantil. De ahí la necesidad y urgencia de que los estudiantes de Magisterio de estos niveles educativos adquieran una adecuada formación y educación mediática.

Vamos a dedicar la última parte de esta comunicación a describir algunos de los proyectos que se han llevado a cabo en este último curso académico. Empecemos por los estudiantes del grado de Educación Primaria con la asignatura de Enseñanza y Aprendizaje de las Ciencias Sociales. Se les propuso a los futuros maestros un listado de proyectos de innovación, de los cuales debían escoger uno de ellos atendiendo a sus intereses e incluso se les orientó para que se decidieran por algún tema que les permitiera ampliar sus conocimientos. Después de haber seleccionado el tema, debían escoger el curso de Primaria (1º a 6º curso) para el que iban a diseñar estrategias de aprendizaje. Todos los temas seleccionados debían ser trabajados con el método de aprendizaje colaborativo, y lo que es igual de importante, utilizando alguna herramienta TIC. Se trata por tanto de seleccionar una herramienta virtual o digital como recurso didáctico para la enseñanza de contenidos históricos. Algunos de los proyectos que se llevaron a cabo son:

- Uso de aplicaciones y herramientas informáticas para la enseñanza y difusión del patrimonio histórico artístico de España. Los estudiantes debían diseñar carteles didácticos para la enseñanza del patrimonio histórico artístico de su entorno cercano utilizando programas como: Gimp (Image Manipulation Program), Corel Draw, Illustrator (Adobe Systems INC.), Canva, Pickmonkey. El trabajo se dividió en 3 fases: en la primera se centraron en la búsqueda de información que consideraron importante incorporar al cartel publicitario utilizando buscadores académicos; en la segunda fase tuvieron que adecuar los contenidos al curso seleccionado, desde el lenguaje utilizado hasta la complejidad de los contenidos; y finalmente, en la tercera fase se puso en marcha la parte más creativa con el diseño de los carteles publicitarios didácticos.

- *Diseño de vídeos didácticos para la enseñanza del patrimonio histórico de la Región de Murcia.* El proyecto se planteó y se llevó a la práctica de forma similar al descrito anteriormente; no se limitó únicamente al aprendizaje práctico y técnico de los videos, sino que previamente los alumnos debieron seleccionar y adecuar los contenidos a la edad de los niños y a los objetivos de aprendizaje que habían diseñado para esas sesiones de clase. Asimismo, pusieron en práctica su capacidad de síntesis porque además de seleccionar y adecuar la información a la edad de los niños debían transmitirla en un video de una duración máxima de 8 minutos. Hay que destacar que el proyecto no finalizó con el visionado de los vídeos didácticos, sino que el proceso de enseñanza de los contenidos históricos se complementó con actividades diseñadas en el aula para verificar su aprendizaje. Es muy importante que el maestro incorpore como aspecto fundamental la evaluación de los nuevos conocimientos, manteniendo incluso la innovación en las herramientas utilizadas para este fin, porque no hay que olvidar que el fin último de toda innovación educativa y docente es mejorar los aprendizajes.

- Conocimiento y análisis del patrimonio artístico utilizando los recursos didácticos virtuales de las pinacotecas del Museo Thyssen y del Museo del Prado. En esta ocasión, los estudiantes de magisterio se centraron en el aprendizaje de Historia del Arte, concretamente de la pintura, pero con el mismo objetivo que se planteó para los dos proyectos descritos. Es decir, desarrollar el pensamiento crítico aprovechando los recursos online que ponen a nuestra disposición las principales pinacotecas. En esta ocasión, el proceso de investigación se inició revisando los contenidos que ofrecen los museos Thyssen y El Prado para posteriormente seleccionar las obras de arte o el pintor o pintores que consideraron interesantes para diseñar las unidades didácticas. Se les orientó para que se inclinaran por aquellos movimientos artísticos que no se incluyen en los planes de estudio de Primaria, pero que no revisten ninguna dificultad para ser llevados a las aulas. El siguiente paso fue diseñar una estrategia didáctica con los recursos virtuales que los referidos museos ponen a disposición de los maestros. Factor importante que no debían perder de vista fue potenciar la imaginación y creatividad de los niños. Algunos de las unidades didácticas que se diseñaron llevado el museo al aula fueron: ¡Sorolla, estate quieto!; Encontramos la obra perdida; Una noche en el museo; etc.

El mismo planteamiento que se ha descrito para los estudiantes del grado de Primaria se ideó para los de Educación Infantil, aunque en esta ocasión fue necesario que las estrategias didácticas se adecuaran a la edad de los niños de este nivel (4 a 6 años). Precisamente porque los niños de estas edades tienen una memoria muy visual y aprenden mejor a través del juego, los proyectos diseñados para trabajar la alfabetización mediática giraron en torno a los medios de comunicación masivos: televisión y cine. En definitiva, se les orientó a trabajar con productos audiovisuales conocidos por los niños, pero adaptándolos para el aprendizaje de diversos contenidos, en esta ocasión para el aprendizaje del Medio Sociocultural. En cuanto al conocimiento y uso adecuado de las TIC se seleccionaron también algunas herramientas virtuales para la enseñanza del espacio, tiempo y arte. Algunos de los proyectos diseños por los estudiantes de Infantil fueron:

-   Planificar e implementar acciones educativas para la enseñanza del Medio Sociocultural con el visionado de series de TV como Érase una vez o Pocoyó. Con esta temática se pretende que los estudiantes incorporen la televisión como recurso didáctico, y que analicen las múltiples posibilidades que les ofrece esta para trabajar en las aulas de Infantil desde cualquier área del currículo. Así, después de analizar el producto televisivo, debieron escoger aquellos capítulos que mejor se adecuaban a los contenidos de Medio Sociocultural y diseñar algunas estrategias didácticas.

-   Búsqueda y tratamiento de la información con canales infantiles politemáticos como Youtube: Aula 365, Explora con niños TV o Kids News. La metodología con la que se trabajó fue de manera similar al proyecto de la televisión y el cine, es decir seleccionando vídeos para la enseñanza de contenidos relacionados con alguna área del currículo de Infantil, a saber: el conocimiento del entorno, autonomía personal, comunicación y lenguaje o el entorno natural.

-   Investigación de repositorios fotográficos antiguos para la enseñanza de contenidos históricos en Educación Infantil. En esta ocasión, los estudiantes tuvieron que investigar en las mediatecas virtuales de archivos regionales y nacionales de España seleccionando fotografías antiguas, especialmente aquellas que reflejaran algún elemento o acontecimiento de la vida cotidiana de épocas pasadas. Este aspecto fue esencial no perderlo de vista porque es de donde se debe partir para la enseñanza de nuevos contenidos de índole histórico para niños de estas edades. Por ejemplo, con una fotografía en colores sepia de una familia murciana se orientó el aprendizaje a descubrir los detalles que lleve a los niños a concluir que se trata de un hecho antiguo: la vestimenta, el calzado, el mobiliario, etc.

Discusión y conclusiones

Para concluir con la comunicación hay que decir que no solo es factible realizar la alfabetización mediática desde cualquier asignatura del currículo universitario, si no que se hace necesario hacerlo más si se trata de la formación de los futuros docentes porque son ellos los que en un futuro serán los encargados de formar a sus estudiantes para que sean capaces de desenvolverse en un mundo cada vez más visual y de cambios permanentes.

La competencia mediática y la alfabetización digital que la sociedad exige de parte de los maestros debe iniciarse desde su formación inicial en las universidades. Los planes de estudio de magisterio deben permitir formar estudiantes que piensen por sí mismos, creativos, con dominio de los diversos recursos y herramientas TIC especialmente aquellas con valor didáctico.

Se hace necesario también reivindicar la formación de los maestros en aquellas materias relacionadas con las humanidades porque ayudan al maestro a pensar y a crear. Finalmente, cualquier planteamiento didáctico que abogue por el desarrollo de las competencias o de cualquier habilidad del estudiante carece de valor si estas no se apoyan en el aprendizaje de conocimientos.

Referencias bibliográficas

Aranda, A. M. (2010). Didáctica del Conocimiento del medio social y cultural en educación infantil. Madrid: Síntesis.

Caldeiro, M. C. & Aguaded, I. (2015). Alfabetización comunicativa y competencia mediática en la sociedad hipercomunicada. RIDU. Revista Digital de Investigación en Docencia Universitaria, (1), 37-55.

Cooper, H., (2002). Didáctica de la historia en la educación infantil y primaria. Madrid: Morata

García, R., Ramírez, A. & Rodríguez, M. (2014). Educación en alfabetización mediática para una nueva ciudadanía prosumidora. Comunicar, 22(43), 15-23.

Gutiérrez, P., Fernández D. A. & Tabasso, E. (2016). Humanizar la utilización de las TIC en Educación. Madrid: Dykinson.

Hervás, R. & Miralles, P. (2004). Nuevas formas de enseñar a pensar. El desarrollo del pensamiento crítico en la enseñanza de las ciencias sociales. Íber. Didáctica de las Ciencias Sociales, Geografía e Historia 42. 89-99.

Melgarejo, I. & Rodríguez, M. (2013). La nueva ágora universitaria y el paradigma tecno-holista. En J. Rodríguez. (Coord.), Nuevas perspectivas modales para la enseñanza superior (pp. 149-172). Madrid: Visión Libros.

Pérez, P. (2016). El reto del nuevo gobierno: Humanizar la educación. Artículo publicado en el diario El Tiempo (Piura, Perú).

Sesé, J. M. (2002). Las Humanidades en la Universidad del Tercer Milenio. Piura: Universidad de Piura.

Sesé, J. M. & Gutiérrez, P. (2015). La formación inicial de los estudiantes de Magisterio españoles en Ciencias Sociales. Enseñar a pensar críticamente con juegos de mesa y de ordenador como recurso didáctico. VI Simposio Internacional de Didáctica de las Ciencias Sociales en el ámbito iberoamericano. Yucatán (México) (en prensa).

Sternberg R. & Spear-Swerling, L. (1999). Enseñar a pensar. Aula XXI. Madrid: Santillana.

CAPÍTULO VI

EDUCAR EN COMPETENCIA MEDIÁTICA A TRAVÉS DE SERIES INFANTILES DE ANIMACIÓN EDUCATIVA

Dra. Irene Melgarejo-Moreno
Universidad Católica de Murcia, España

Resumen

Los últimos desarrollos tecnológicos y mediáticos han provocado una transformación de los sistemas sociales, tanto así que nos encontramos con una ciudadanía hipercomunicada y prosumidora. Lo que pone de manifiesto la necesidad de llevar a cabo actuaciones en pro de la alfabetización mediática. Sólo tenemos que mirar a nuestro alrededor para darnos cuenta que vivimos rodeados de múltiples pantallas y medios de comunicación que forman parte de la vida cotidiana. Cine, radio, televisión, internet… forman parte de nuestro día a día transformando los modos de producción, de comunicación, de difusión, etc., y estos medios van incidiendo en nuestras vidas desde el mismo momento del nacimiento. Por ello, defendemos la idea de una educación global dónde se incluya el estudio de los medios de comunicación desde la más tierna infancia, por ser los menores consumidores potenciales de medios de comunicación y para que así puedan ir formándose en la gestión, selección, análisis, crítica, producción, consumo y responsabilidad, entre otros aspectos, que les lleven a hacer frente a la avalancha mediática. Encontramos que en las edades más tempranas las series de animación siguen jugando un papel relevante para los más pequeños. Productos audiovisuales de los que disfrutan no sólo a través de la pantalla de televisión sino a través de los nuevos dispositivos móviles (smartphone, tablet…) y que bien podrían ser utilizadas dentro de las aulas para llevar a cabo lecciones educativas que puedan servir para la adquisición de habilidades que lleven a los más pequeños al dominio progresivo de la competencia mediática. En las próximas líneas vamos a mostrar cómo trabajar la competencia mediática haciendo uso de series infantiles de animación educativas, sin perder de vista los contenidos marcados por el Currículum del 2º ciclo de Educación Infantil.

Palabras claves

Competencia mediática, educación básica, métodos educativos, producto audiovisual.

Introducción

La alfabetización mediática se ha convertido en uno de los temas relevantes a nivel social y cultural; una cuestión candente y actual que implica a diversos agentes e instituciones, tanto sociales como educativas. La UNESCO, ya ha alertado en varias ocasiones de la importancia de la competencia mediática para el ciudadano, sobre todo si pensamos en la revolución social que viene siendo propiciada por los medios de comunicación y que afecta de primera mano a la ciudadanía. Escuchamos a los expertos hablar de Sociedad de la Información, a otros sobre Sociedad del Conocimiento pero lo que está claro es que el ritmo y la evolución de la sociedad (globalidad, innovaciones tecnológicas e información) debe llevarnos a una sociedad de la formación y el aprendizaje, donde el ciudadano sea capaz de hacer frente a los nuevos modos de producción, a los nuevos lenguajes y a los nuevos contenidos que implican el uso de los medios de comunicación. El que estos sean considerados agentes sociales, al igual que la familia, la escuela y el grupo de iguales, hace que se deba contemplar un cambio en el modelo educativo a través del empleo de nuevas metodologías en las que se incluyan a los medios de comunicación. En definitiva, estaríamos hablando de un cambio que propicie la adaptación de los sistemas educativos a la nueva sociedad que se va vislumbrando.

Consideramos imprescindible avanzar en este ámbito de estudio y considerar a la alfabetización mediática como uno de los pilares básicos: la relación existente entre la educación, los medios de comunicación y la infancia. La introducción de la competencia mediática en las escuelas debería atender a un plan progresivo en el que implicar al profesorado, al estudiante y a las propias familias, para lo que es necesario incidir en su formación. El docente del siglo XXI, además de dominar diversas competencias como la lingüística, la matemática, científica y tecnológica, digital, la de aprender a aprender, social y cívica, la de la iniciativa y el espíritu de empresa o la de conciencia y expresión culturales, también lo debe ser en la denominada competencia mediática, ya que los *mass media* forman parte de la vida cotidiana del niño y como tal también deberían formar parte de la escuela. A ningún arquitecto se le ocurriría comenzar la construcción de un edificio por el tejado, sería inviable; pues algo parecido atañe a la formación en alfabetización mediática, ya que el dominio de la competencia mediática implica un aprendizaje progresivo desde las primeras etapas escolares que permita al docente vehicular los contenidos que atañen a esta competencia, de forma gradual y atendiendo a los diferentes niveles educativos. Por tanto, consideramos el 2º ciclo de Educación Infantil (E.I.) como la etapa fundamental para sentar las bases del aprendizaje futuro donde la competencia mediática debe comenzar a ser trabajada de forma sistemática y transversal que propicie el trabajo de los contenidos curriculares junto a las dimensiones e indicadores de la alfabetización mediática, para lo que sería necesaria la introducción de productos audiovisuales como herramientas o recursos didácticos.

Competencia mediática en la escuela

La relación de los medios de comunicación con la escuela ha sido muy estrecha, sólo basta con pensar en la educación a distancia para hablar de la radio como herramienta didáctica o en lo cinematográfico que ha servido para ilustrar multitud de temas en diversas disciplinas. Sin embargo, pese a esa relación, los medios audiovisuales se han venido utilizando sin aprovechar al máximo las potencialidades que presentan todos y cada uno de ellos para los procesos de enseñanza/aprendizaje. Incluso, podríamos puntualizar y atender a lo que Ignacio Aguaded (1995) denomina "Educación para la Comunicación" que abarque la diversidad mediática existente en el día a día de todo individuo:

> Ha de ser necesariamente también todo el conjunto de tecnologías de la información y la comunicación –no nuevas, por la relatividad permanente del término- que progresivamente va sumándose a la vida diaria, gracias al impresionante avance de las ciencias. Son estas tecnologías-punta las que sin duda han ido configurando este nuevo marco de conocimiento y estos nuevos lenguajes (p. 112).

Estaríamos hablando de desarrollar una educación mediática con base tecnológica a la que hacen referencia las autoras, García-Ruíz, Ramírez-García y Rodríguez-Rosell (2014) y que pretende "formar individuos creativos, participativos, libres, pero también dotados con altas dosis de responsabilidad y de visión crítica" (p.17). Sin olvidarnos del nuevo paradigma educativo que se presenta imprescindible para hacer frente a la sociedad multipantalla y al que hemos denominado *tecno-holístico* (Melgarejo y Rodríguez, 2013), porque la alfabetización mediática no debe olvidarse de la educación holística (desarrollo humano) pese a que vivamos en una sociedad dominada por la materialidad de la tecnología. Debe ser una alfabetización que atienda a una educación mediática, donde el paradigma educativo una ambas vertientes.

La competencia mediática en la escuela se hace más necesaria que nunca y su incorporación al currículum educativo, desde las primeras etapas escolares, es algo que se viene reclamando desde hace años a través de la UNESCO y la Comisión Europea. Sin embargo, es limitada y escasa la preparación que se le ofrece al niño, tanto dentro del sistema escolar como en el ámbito familiar, de hecho se ha pensado que los medios no necesitaban de un aprendizaje previo, de una adquisición de habilidades concretas y de unas competencias necesarias para hacer frente a la avalancha de información a la que se enfrenta el menor. Pensemos en la televisión que se ha convertido en el eje central de la sociedad multimedia y que para algunos autores, como García Galera (2000), altera la naturaleza de la infancia e interviene en su desarrollo social e intelectual. Por ello, debemos ser conscientes que el consumo mediático por sí solo, no genera competencias mediáticas sino que hace necesaria una enseñanza previa en alfabetización mediática, ya que el simple hecho de ver televisión no les capacita para hacer frente a sus mensajes. Estamos ante un niño prosumidor que necesita, desde la más tierna infancia, ir despertando diversas habilidades que le permitan entender el medio y ser capaz de entender la información, construir, producir y ser crítico de forma, cada vez, más autónoma (Zhong, 2011; Sánchez y Contreras, 2012; Caldeiro-Pedreira y Aguaded-Gómez, 2015; Aguaded-Gómez y Romero-Rodríguez, 2015). En este sentido, apostamos por una Alfabetización Mediática que sustente sus bases sobre los principales agentes socializadores con los que está en contacto el niño –familia, escuela y medios–, aunque para ello hace falta formar a estos agentes. En el caso que nos ocupa, el de la escuela, abogamos por una educación mediática progresiva, transversal y con la inclusión de alguna asignatura más específica sobre medios audiovisuales, que culminase en lo que Esteban (2010) ha denominado plan de educación mediática con diversas fases. Así, como indica este autor, su integración en el aula no supondría la introducción de nuevos contenidos, más bien se referiría a aprovechar la enseñanza por competencias a través de un enfoque significativo. Siguiendo esta perspectiva y para facilitar el camino, con una integración transversal de esta disciplina en el currículo escolar se podría conseguir alfabetizar a los alumnos, a través del uso del cine formativo, de la televisión educativa, de la radio, etc. Aunque la perfección se podría conseguir si los currículos de los distintos niveles educativos pudiesen contemplar alguna asignatura específica que pudiese formar, más específicamente, en el lenguaje audiovisual, al igual que ocurre con otras materias ya contempladas, que se consideran esenciales para la vida del individuo.

El problema parece radicar en la introducción de esta competencia mediática en el entorno educativo, cómo abordarlo, en qué aspectos debe formarse el docente, qué habilidades se han de fomentar en el niño, a quién corresponde la responsabilidad de alfabetizar mediáticamente... un sinfín de incógnitas que, a pesar de haber sido abordadas por distintas instituciones, no se han visto materializadas, mientras los medios siguen su evolución en un mundo globalizado con una sociedad cada vez más hipercomunicada, en la que como afirma Vicent Gozálvez (2012) hay que redefinir la educación teniendo en cuenta no sólo el pensamiento sino la comunicación, la emoción y el lenguaje tecnológico. No se trata de renunciar al pensamiento sino de "revisar aspectos y contenidos curriculares, la metodología docente, los modos de evaluación, entre otras cosas para abrir sus puertas a la afectividad, a la nueva sensibilidad social en un nuevo entorno tecnológico y laboral en constante renovación" (p. 152). En el caso de la Educación Infantil no sería complicada su introducción porque el currículum contempla un bloque de contenidos sobre lenguaje audiovisual.

Lenguaje audiovisual en el 2º ciclo de Educación Infantil

El currículum del segundo ciclo de Educación Infantil está estructurado en tres áreas: «Conocimiento de sí mismo y autonomía personal, Conocimiento del entorno y Lenguajes: comunicación y representación», todas ellas imprescindibles para el desarrollo del niño y en las que consideramos que se puede trabajar transversalmente la competencia mediática. Sin embargo, en las próximas líneas vamos a incidir de manera especial en el Área 3 por hacer alusión expresa al lenguaje audiovisual. Desde una perspectiva descriptiva compararemos el Real Decreto 1630/2006, por el que se establece el currículo de la E.I. y el Decreto 254/2008 de la Región de Murcia con el fin de resaltar aquellos aspectos susceptibles de ser entendidos como parte de la educación mediática.

El Área 3. Lenguajes: comunicación y representación atiende a las distintas formas de comunicación y representación. Está estructurada en 4 bloques de contenidos: lenguaje verbal, lenguaje artístico, lenguaje corporal y lenguaje audiovisual y de las tecnologías de la información y la comunicación. Como bien queda recogido en la ORDEN ECI 3960/2007 «estos lenguajes contribuyen de forma complementaria, al desarrollo armónico de niños y niñas y han de abordarse de manera integrada con los contenidos de las dos primeras áreas» (p. 1027), resaltando la integración y globalidad que caracterizan a la E.I. a través del uso de la diversidad de lenguajes, entre ellos el audiovisual.

Esta área es de especial interés por ser aquella que incluye contenidos puramente audiovisuales y presta especial interés en el uso y manejo de las TIC en este segundo ciclo de E.I.. Por tanto, podemos atender a los medios de comunicación como materia de estudio. De forma especial, lo veremos reflejado en el bloque 2. Lenguaje audiovisual y tecnologías de la información y la comunicación, cuyos contenidos podríamos utilizar para desarrollar una educación con medios, en medios y ante los medios que fomente la alfabetización mediática desde las edades tempranas en el entorno escolar. La importancia de la inclusión del audiovisual en el currículo bien podría ser asociada a lo que ya venían atendiendo autores como Machado, Simoes y Penido (2004) quienes señalaban que los lenguajes de los medios se convierten en mediadores entre los niños y el mundo, lo que acarrea efectos también para la escuela.

Ya desde los objetivos que conforman el área 3 correspondiente al currículum del Segundo Ciclo de Educación Infantil se pone de manifiesto la importancia de los diferentes lenguajes. Los objetivos que se recogen en el Real Decreto 1630/2007 son 7 y en ellos se atiende sobre todo al lenguaje oral, a la comprensión de los mensajes y a las emociones que pueden suscitar, así como a la lectura y escritura. Sólo los objetivos número 2 y 6 hacen mención expresa a la diversidad de lenguajes: "Expresar emociones, sentimientos, deseos e ideas mediante la lengua oral y a través de otros lenguajes, eligiendo el que mejor se ajuste a la intención y a la situación" y "Acercarse al conocimiento de obras artísticas expresadas en distintos lenguajes y realizar actividades de representación y expresión artística mediante el empleo de diversas técnicas" (p. 481). Dentro de esa diversidad podríamos entender que se encuentra el lenguaje audiovisual como forma de comunicación que se integra en la vida cotidiana del niño (Marilia Franco, 2003; Machado, Simoes, Penido, 2004). Así, el currículum del segundo ciclo de E.I. muestra interés por este lenguaje:

> El lenguaje audiovisual y de las tecnologías de la información y la comunicación presentes en la vida infantil, requieren un tratamiento educativo que, a partir del uso apropiado y significativo, inicie a niñas y niños en la comprensión de los mensajes audiovisuales y su utilización ajustada y creativa. (Real Decreto 1630/2006, p. 480).

Sin embargo, la incidencia de lo audiovisual sí es más acusada en los contenidos del bloque 2. Lenguaje audiovisual y tecnologías de la información y la comunicación. Encontramos contenidos relacionados con la iniciación en el uso de las nuevas tecnologías de la información y la comunicación, mostrando especial interés en el manejo del ordenador y sus acciones básicas, uso en el aula de producciones audiovisuales para aprender a valorar los contenidos de forma crítica, distinción de la realidad y representación audiovisual, uso responsable y moderado tanto de los medios audiovisuales como de las distintas tecnologías de la información, y aprovechamiento de las producciones audiovisuales y de las tecnologías para el fomento y aprendizaje de la lengua extranjera, como bien se refleja en la siguiente tabla.

Bloque 2: Lenguaje audiovisual y tecnologías de la información y la comunicación	
REAL DECRETO 1630/2006	**DECRETO 254/2008** **Región de Murcia**
Contenidos:	
Iniciación en el uso de instrumentos tecnológicos como ordenador, cámara o reproductores de sonido e imagen, como elementos de comunicación.	Iniciación en el uso de instrumentos tecnológicos como ordenador, cámara o reproductores de sonido e imagen, como elementos de comunicación.
Acercamiento a producciones audiovisuales como películas, dibujos animados o videojuegos. Valoración crítica de sus contenidos y de su estética.	Acercamiento a producciones audiovisuales como películas, dibujos animados o videojuegos que ayuden a la comprensión de contenidos educativos. Valoración crítica de sus contenidos y de su estética.
Distinción progresiva entre la realidad y la representación audiovisual.	Distinción progresiva entre la realidad y la representación audiovisual.
Toma progresiva de conciencia de la necesidad de un uso moderado de los medios audiovisuales y de las tecnologías de la información y la comunicación.	Toma progresiva de conciencia de la necesidad de un uso moderado de los medios audiovisuales y de las tecnologías de la información y la comunicación.
	Utilización de los medios audiovisuales y tecnologías de la información y la comunicación para crear y desarrollar la imaginación, la creatividad y la fantasía, con moderación y bajo la supervisión de los adultos.
	Utilización de las tecnologías de la información y comunicación para el inicio en programas educativos que amplíen o refuercen los conocimientos trabajados en el aula.

Especial mención requieren los contenidos subrayados en la tabla correspondientes al Decreto 254/2008, que matizan aspectos no contemplados por el Real Decreto. Estos contenidos inciden de manera explícita en la Alfabetización Mediática y en el desarrollo de una educomunicación. Así, encontramos contemplado el uso del audiovisual como recurso o materia a través de la comunicación en cualquiera de sus manifestaciones. De esta forma, "trabajar educativamente la comunicación implica potenciar las capacidades relacionadas con la recepción e interpretación de mensajes, y las dirigidas a emitirlos o producirlos, contribuyendo a mejorar la comprensión del mundo y la expresión original, imaginativa y creativa" (Decreto 254/2008, p 24969). Debemos pensar que el niño se encuentra inmerso en una Sociedad Multipantalla, donde los diferentes medios –radio, cine, televisión, prensa, Internet– tienen un papel preponderante, son agentes sociales que forman parte de su vida y, como tal, la escuela debe enseñar o educar atendiendo a los nuevos lenguajes, nuevos modos de producción y nuevos contenidos.

En la evaluación destacamos aquellos criterios en los que se incide de manera directa en aspectos que tienen que ver con los medios y el lenguaje audiovisual. De 15 criterios de evaluación incluidos en el Decreto 254/2008, sólo en 4 de ellos encontramos mención expresa a lo que podríamos considerar aspectos vinculantes a los medios de comunicación:

Criterio de evaluación 3: "Escuchar y comprender mensajes orales diversos (relatos, producciones literarias, descripciones, explicaciones, informaciones...) que les permitan participar de forma activa en la vida del aula" (p. 24972). Fomentar la escucha activa en este segundo ciclo de E.I. es importante. Consideramos que se debe velar para que el niño comprenda de forma eficaz los mensajes que escucha. Recordemos que los más pequeños están expuestos a cantidades ingentes de información proveniente de diferentes medios, aprenden en la calle, en el hogar e incluso en la escuela a través de la radio, del cine, de la televisión, de Internet, etc., las nociones básicas de la sociedad. Por tanto, en la evaluación se debe tener en cuenta a los medios de comunicación como fuentes de información.

Criterio de evaluación 10: "Utilizar adecuadamente el material escrito (libros, periódicos, cartas, etiquetas, ordenador, publicidad...) y esmerarse en la limpieza y el orden en los trabajos" (p. 24973). Este criterio da pie a múltiples interpretaciones, sin embargo, vamos a decantarnos por la siguiente: el ordenador se ha convertido en una de las herramientas fundamentales para la elaboración de trabajos escritos por parte de los alumnos. Comenzar desde el segundo ciclo a tener en cuenta este aspecto en las evaluaciones de los niños es importante, pues hoy en día no se concibe un aula de infantil que no esté provista de esta herramienta. Además, el trabajo con el ordenador no sólo permite el uso adecuado de los materiales, sino que despierta en el niño toda una serie de habilidades que deben ser evaluadas: psicomotrices, cognitivas, identidad y autonomía personal, lenguaje y comunicación, convivencia y relación social y descubrimiento del entorno.

Criterio de evaluación 13: "Expresarse y comunicarse utilizando medios, materiales y técnicas propios de los diferentes lenguajes artísticos (musical, plástico, corporal) y audiovisuales, mostrando interés por explorar sus posibilidades, por disfrutar con sus producciones y por compartir con los demás las experiencias estéticas y comunicativas" (p. 24973). Las tecnologías de información y la comunicación han propiciado el uso de nuevos lenguajes. Aprender a comunicarse desde la infancia a través de diferentes perspectivas puede resultar eficaz para el fomento de las relaciones sociales. De hecho, el vídeo y los *podcast* están a la orden del día, ya que los dispositivos móviles han propiciado una nueva forma de comunicación donde no sólo impera el lenguaje textual, sino la imagen.

Criterio de evaluación 14: "Desarrollar la sensibilidad estética de actitudes positivas hacia las producciones artísticas propias y de los demás en los distintos medios" (p. 24973). Consideramos producción artística a todas aquellas manifestaciones culturales que tienen como motivo algún tipo de producción, incluida la audiovisual. Aquí entrarían a formar parte los denominados productos de la cultura –películas, música, documentales, performance, etc.–, todos aquellos que pueden suscitar en el espectador algún tipo de sensación, emoción, sensibilidad o empatía hacía el propio producto o en el caso del audiovisual, incluso, hacia los propios personajes. El uso del audiovisual abre un abanico de posibilidades infinito para el fomento de la sensibilidad estética en los más pequeños. La unión del audio y la imagen crea ambientes hasta el momento inimaginables.

En definitiva, a través del currículum vemos reflejado el interés que se muestra desde la E.I. por los medios de comunicación. Así, existe una marcada incidencia de los mismos en el área Lenguajes: comunicación y representación, donde se atiende a la diversidad de lenguajes. Dentro de esa diversidad bien tendrían cabida el lenguaje audiovisual y de las diferentes herramientas que forman parte de las Tecnologías de la Información y la Comunicación, como medios de comunicación y expresión fundamentales dentro y fuera del entorno escolar. No obstante, cuando en los objetivos se hace mención a lo audiovisual y tecnológico se presta especial atención al uso y manejo como fuente de comunicación y transmisión, sin embargo, consideramos que no sólo los docentes deben hacer esa lectura sino que a través del uso, se deben trabajar otros aspectos importantes de los mismos –comprensión, pensamiento crítico, creatividad, consciencia intercultural y consciencia ciudadana–, para conseguir fomentar desde la E.I. la educación mediática. Lo importante, es llevar a cabo una educación con medios, en medios y ante los medios como base para una educación integral, donde la competencia digital es una de las claves de la Sociedad del Conocimiento y que bien se refleja en las tres áreas a lo largo del currículum y que aunque no todas la contemplan de manera explícita, algunos de los objetivos que presentan si pueden ser alcanzables con la ayuda de los diferentes medios de comunicación.

Aprendiendo con series infantiles de animación educativas

La educación mediática puede ser un recurso de conocimientos excelente como ayuda para poder alcanzar las competencias que se derivan del currículo escolar de educación infantil. Así, la introducción de contenidos relacionados con la educación mediática se puede plantear según Natalia Bernabeu (2010) desde una triple perspectiva: "Educación con medios, Educación en medios y Educación ante los medios". Otros autores apoyan ese enfoque multimodal, como Buckingham, que en 2003 planteó la necesidad de llevar a cabo una educación "con" medios y "sobre" los medios, o Gozálvez (2012) que propone nueva terminología para la alfabetización íntegra: "Alfabetización técnica mediática, Formación mediática y Educación cívica audiovisual". Sin embargo, en la etapa educativa que nos ocupa, la de la Educación Infantil, la adquisición de la competencia mediática no puede entenderse como un contenido aislado sino a ser trabajado en el conjunto de los contenidos que conforman las diferentes áreas de currículo educativo. En este sentido, los productos audiovisuales son un aliado para que los maestros puedan vehicular los diversos contenidos, como muestra pondremos algunos ejemplos de series infantiles de animación educativas a tener en cuenta para el trabajo en las aulas atendiendo a las tres áreas curriculares:

- *Conocimiento de sí mismo y autonomía personal*

Si pensamos en que el currículo de este Segundo Ciclo de la E.I. pretende ser algo global y sus áreas deberían ser tratadas de una forma más transversal, bien podríamos utilizar los medios de comunicación para trabajar los contenidos que recoge. Así, a través de las series infantiles de animación como *Pocoyó* y *Jelly Jamm* se podrían trabajar con los niños aspectos relacionados con los sentidos o las emociones, la construcción de la imagen de sí mismo, el desarrollo de la afectividad, los hábitos saludables, las posibilidades perceptivas y motrices, etc. De hecho, la influencia de los personajes que pueden provocar cierta empatía con los niños, la música, así como las emociones que suscitan las creaciones audiovisuales de este tipo son un recurso audiovisual idóneo para el afianzamiento de los contenidos recogidos en esta área. De hecho autores como Ávila y Tello (2004) resaltan la idea de que "el aprendizaje debe ser funcional, o lo que es lo mismo, ha de propiciar la transferencia de los nuevos contenidos (conocimientos, procedimientos, actitudes, estrategias, habilidades, etc.) a otras situaciones de aprendizaje o a situaciones de la vida cotidiana" (p. 179). De ahí que sea necesaria la creación de nuevos entornos de aprendizaje donde los medios audiovisuales tengan un papel relevante y se orienten a la consecución de las competencias básicas que se desprenden del currículo. Esto le permitirá al niño un mejor conocimiento de sí mismo y una mayor autonomía personal. Recordemos en este sentido, que los medios y las TIC "favorecen la actividad e implicación del estudiante en el proceso de enseñanza-aprendizaje y no la recepción pasiva de datos que no llevan a la construcción del conocimiento, sino a la simple reproducción, memorísticamente y careciendo de significado. (...) facilitan el ajuste del proceso a los diferentes estilos cognitivos que puedan tener las personas que aprenden" (Ávila y Tello, 2004, p. 179). Por tanto, queda una vez más justificado el empleo de series como elemento para que los alumnos del Segundo Ciclo de la Educación Infantil se enfrenten, de una forma más dinámica y entretenida, a los contenidos del área.

- *Conocimiento del entorno*

Área muy versátil que incluye tanto contenidos relacionados con las ciencias naturales como con las ciencias sociales que dan pie a poder trabajarlos a través del uso de los medios audiovisuales, de hecho desde la ORDEN ECI 3960/2007 ya se incide en la importancia de las TIC como un elemento que forma parte del entorno de los infantes y muestra lo importante que resulta que el alumno sea capaz de identificar el papel que los medios y las tecnologías tienen para sus vidas, atendiendo a ellos como medios de expresión, comunicación y conocimiento (p.1023). De hecho, consideramos que la adquisición de competencias relacionadas con el conocimiento del mundo bien se pueden adquirir o reforzar a través del uso de las series de animación *Pocoyó* y *Jelly Jamm* en las aulas de infantil. En este sentido, la interiorización de secuencias temporales, el conocimiento de los seres vivos, la diversidad natural y cultural, el respeto y cuidado, la acentuación de las relaciones sociales, el trabajo con los valores, etc., ofrecen posibilidades para ser trabajados en procesos de enseñanza/aprendizaje donde lo audiovisual tenga un papel relevante. En el caso del área *Conocimiento del entorno* estaríamos hablando del audiovisual como recurso más que como materia en sí de estudio –los elementos que conforman el lenguaje audiovisual y el uso de los medios sería más propio de ser trabajado en el área *Lenguajes: comunicación y representación*. No obstante, la globalidad y la enseñanza integral de la E.I. permiten que en ocasiones se pueda unir dentro de una misma área lo audiovisual como recurso y como materia. En el caso de *Conocimiento del entorno* donde los contenidos van sobre aspectos relacionados con la naturaleza, la cultura y la sociedad, bien podríamos entender los medios de comunicación como agentes de socialización para el descubrimiento de la sociedad que envuelve al niño. Debemos pensar que los medios de comunicación se han convertido en uno de los agentes de socialización más importantes del siglo XXI que se incorporan "a múltiples facetas de la vida cotidiana de las personas en las sociedades modernas, cambian hábitos, sintetizan procesos y permiten ganar tiempo y atender nuevos requerimientos" (Osvaldo y Salvador, 2012, p. 265), de ahí que puedan jugar un papel relevante dentro del ámbito escolar y en concreto en esta área de conocimiento porque "las TIC proyectan elementos de eficacia en la educación, facilitan los procesos de aprendizaje y autoaprendizaje; también pueden ahorrar energías al profesorado en el acto de desglose y repetición de contenidos curriculares, gracias a su valor interactivo. Constituyen, además, una fase formativa dentro del campo de la alfabetización informacional y cibernética" (Osvaldo y Salvador, 2012, p. 266).

Incluso, podríamos atender a las reflexiones del profesor Martínez-Fresneda (2004) para justificar la vinculación del uso de lo audiovisual con el aprendizaje del conocimiento del entorno, ya que como señala este autor "la transmisión de la cultura a través de los medios de comunicación supone avanzar en el concepto de escuela, dejando atrás aquella que es ajena a la vida" (p.185). Por tanto, no es de extrañar que en el currículo de E.I. se atienda al papel que los medios y las TIC juegan en la formación del niño. No obstante, anteriormente autores como Yus (1997) ya habían incidido en la necesidad de generar un currículum más sociológico para atender a los conocimientos que son propios de la cultura y que se muestran necesarios para que discentes se conviertan en individuos productivos y eficaces para la sociedad actual. Ante todo, los medios de comunicación son auténticos transmisores de cultura, "desempeñan un papel importante en la formación porque generan un tipo de cultura que nos hacen llegar inmediatamente, reflejan normas, pautas de comportamiento, de conducta, de valores e intervienen en el proceso de aprendizaje" (Martínez-Fresneda, 2004, p. 187). Por tanto, y de nuevo para conocer el medio físico, para acercarnos a la naturaleza o para descubrir la cultura y la vida en sociedad, las series de animación infantiles *Pocoyó* y *Jelly Jamm* bien podrían convertirse en un recurso para los docentes, que les ayuden a dar a conocer y sobre todo a reforzar las enseñanzas que imparten en sus clases relacionadas con esta área de conocimiento.

- *Lenguajes: comunicación y representación*

Si atendemos tanto a los contenidos de las dos primeras áreas del currículum del 2º ciclo de Educación Infantil "Conocimiento de sí mismo y autonomía personal y Conocimiento del Entorno", como a los contenidos de los 4 bloques que conforman el área de lenguajes (Lenguaje verbal, Lenguaje audiovisual y tecnologías de la información y la comunicación, Lenguaje artístico, Lenguaje corporal), podríamos utilizar para abordar dichos contenidos productos audiovisuales de diversa naturaleza. Así, por ejemplo, el aprendizaje de una lengua extranjera puede ser abordado mediante producciones audiovisuales infantiles, como *Manny Manitas*, *Dora la exploradora*, *Let's go Pocoyó*, *Peppa Pig*, etc., que fomentan el aprendizaje del inglés o *Ni hao kai-lan*, que pretende el fomento del chino mandarín, y que bien pueden ser utilizados como recursos en las aulas de infantil. Al igual ocurre con los contenidos relacionados con el lenguaje musical y/o corporal que pueden ser trabajados a través de las series infantiles de animación educativas como *Jelly Jamm* contextualizada en el planeta Jammbo, donde nace la música en el universo, y con la que el docente puede desarrollar actividades en el aula para alcanzar los objetivos que le plantea el currículum, asociándolos a cada capítulo de la serie.

La unión del audio y la imagen suscita y crea ambientes hasta el momento inimaginados, es decir, lo que nos puede suscitar una sola imagen estática puede ser revertido a través de la imagen en movimiento, por ejemplo, cambios en el tiempo, más si a eso le sumamos audio lo que creará un paisaje visual y sonoro global al que se le añaden nuevas informaciones o aspectos que pueden complementar a lo visual. Por tanto, los maestros no pueden olvidarse del desarrollo de la sensibilidad de los más pequeños y para ello, la música, la imagen...en definitiva, lo audiovisual se convierte en aliado del profesorado para el trabajo de lo que conocemos como "Dimensión Estética" dentro de la alfabetización mediática, entre otras. Esto implica que si los docente atendiesen a los contenidos enmarcados dentro de esta área tendrían que llevar a cabo un proceso de enseñanza/aprendizaje donde se enseñase a los niños a "mirar" con criterio aquello que se les muestra a través de las pantallas, lo que implica descifrar un código concreto, el denominado lenguaje audiovisual, conformado por múltiples elementos que aportan significación al desarrollo de la trama narrativa de las series infantiles de animación educativas. Y en esto consiste precisamente esta área, en ir más allá de simple visionado de producciones audiovisuales y utilizarlas como recursos que ayuden al alumnado en la comprensión de contenidos educativos, entre ellos aquellos que implica el dominio del lenguaje audiovisual y que bien podría hacerse mediante diversidad de contenidos audiovisuales independientemente de su naturaleza, formato o género.

Conclusiones

Podemos gestar una serie de conclusiones en base a los diferentes aspectos que han sido tratados a lo largo de este escrito y que bien deberían tener en cuenta las instituciones educativas y en su defecto los docentes para poder llevar a cabo una educación donde se pueda trabajar la competencia mediática desde las primeras etapas escolares.

1.   La formación:

En el Currículum del 2º ciclo de Educación Infantil observamos que en sus áreas se encuentra referencia expresa a aspectos que conforman la competencia mediática a trabajar, atendiendo a la globalidad de la etapa educativa con el fin de que el niño sea capaz de asimilar aspectos relacionados con la lectura, la escritura, los números, las tecnologías de la información y la comunicación, expresión visual y musical, y lengua extranjera. De tal forma, que se hace necesario llevar a cabo una educación progresiva, transversal y adaptada a los distintos niveles para poder desarrollar procesos de enseñanza/aprendizaje donde se puedan trabajar los contenidos de las tres áreas curriculares, sin perder de vista aquellos contenidos directamente relacionados con los lenguajes audiovisuales y el fomento de las habilidades que implican el dominio de la competencia mediática.

2. Las series infantiles de animación educativas:

Las series cobran sentido dentro de los procesos educativos no por sí solas sino implementándolas en las aulas teniendo en cuenta el currículum educativo junto a las dimensiones e indicadores de la competencia mediática. En las aulas del siglo XXI la variedad de herramientas y recursos educativos que todo docente tiene a su alcance, entre los que se deberían incluir a los medios de comunicación y las TIC, pueden hacer que la enseñanza sea atractiva, dinámica e interesante para los más pequeños, rompiendo con la pasividad de los procesos educativos más tradicionales. Así, las series infantiles de animación educativas como *Pocoyó* y *Jelly Jamm* se presentan como recursos idóneos para vehicular aquellos contenidos curriculares del 2º ciclo de la Educación Infantil.

3. La era digital:

La competencia digital no puede ser entendida como sinónimo de la competencia mediática, puesto que la digital no atendería a la globalidad de la educación mediática sino que la conformaría junto a otras. Por ello, desde el 2º ciclo de Educación Infantil los docentes deben apostar por una educación mediática fundamentada en una educación con medios, en medios y ante los medios que atienda a la diversidad tipológica –audiovisual, tecnológica, digital, científica, multimedia...– que exige la alfabetización mediática. En este sentido, se debería hacer una revisión de la legislación vigente para permitir la introducción curricular de la alfabetización mediática y no sólo de la competencia digital, predominante en otros niveles educativos como el de Educación Primaria. De esa forma se podría atender al progresivo tratamiento de los contenidos relacionados con los medios de comunicación y las TIC, con el fin de fomentar desde las aulas las capacidades críticas y constructivas de los mensajes. Reforzando la importancia que debe tener la alfabetización mediática en los individuos de la Sociedad Multipantalla para ser plenamente competentes.

Referencias bibliográficas

Aguaded, J. I. (1995). A pesar de su no reconocimiento administrativo <<La Educación en Medios de Comunicación>>, más allá de la transversalidad. *Comunicar*, (4), 111-113.

Aguaded, J. I., y Romero, L. M. (2015). Mediamorfosis y desinformación en la infoesfera: Alfabetización mediática, digital e informacional ante los cambios de hábitos de consumo informativo. *EKS*, *1*(16), 44-57.

Ávila, J. A., y Tello, J. (2004). Reflexiones sobre la integración curricular de las tecnologías de la comunicación. *Comunicar*. (22), 177-182.

Caldeiro-Pedreira, M. C., y Aguaded-Gómez, I. (2015). Alfabetización comunicativa y competencia mediática en la sociedad hipercomunicada. *RIDU. Revista Digital de Investigación en Docencia Universitaria*, (1), 37-55.

Esteban, N. (2010). La integración de la educación en medios en el centro escolar: fases para su desarrollo. Recomendaciones y principios para la implementación de un Plan de Educación Mediática. *Gabinete de Comunicación*. Recuperado de http://goo.gl/1voj7D

Franco, M. (2003). As linguagens audiovisuais no processo educativo. *Comunicação e Plano decenal de Educação: Rumo ao ano*. Simposio Brasileiro MEC. Brasilia, Brasil.

García, M. C. (2000). *Televisión, violencia e infancia. El impacto de los medios*. Barcelona, España: Gedisa.

García-Ruíz, R., Ramírez-García, A., y Rodríguez-Rosell, M. M. (2014). Educación en alfabetización mediática para una nueva ciudadanía prosumidora. *Comunicar*, *22*(43), 15-23. doi: https://doi.org/10.3916/C43-2014-01

Gozálvez, V. (2012). *Ciudadanía mediática. Una mirada educativa*. Madrid, España: Dykinson.

Machado, J., Simoes, L., y Penido, A. (2004). Educación y tecnología: conflictos y posibilidades. *Comunicar*. (22), 63-70.

Martínez-Fresneda, H. (2004). La influencia de los medios de comunicación en el proceso de aprendizaje. *Comunicar*, (22). 183-188.

Melgarejo-Moreno, I., y Rodríguez-Rosell, M. M. (2013). La nueva ágora universitaria y el paradigma tecno-holista. En J. Rodríguez. (Coord.). *Nuevas perspectivas modales para la enseñanza superior* (pp. 149-172). Madrid, España: Visión Libros.

Osvaldo, M., y Salvador, M. (2012). Globalización y cambio educativo. En J. Beltrán., y F. J. Hernández. (Coord). *Sociología de la educación* (pp. 255-268). Madrid, España: McGraw Hill.

Sánchez, J. y Contreras, P. (2012). De cara al prosumidor. Producción y consumo empoderando a la ciudadanía 3.0. *Icono 14*, *3*(10), 62-84.

Yus, R. (1997). Hacia una educación global desde la transversalidad. Madrid, España: Anaya.

Zhong, Z. J. (2011). From Access to usage: the divide of self-reported digital skills among adolescents. *Computer & Education*, *3*(56), 736-746.

CAPÍTULO VII

UNA ACTIVIDAD COLABORATIVA PARA LA ENSEÑANZA Y APRENDIZAJE DE LA HISTORIA CONTEMPORÁNEA DE ESPAÑA EN BACHILLERATO USANDO LA FOTOGRAFÍA PONENCIA-COMUNICACIÓN

Dra. Ana María Martín López

Universidad Internacional de La Rioja (UNIR), España

Resumen

En una sociedad en la que estamos rodeados por imágenes, sorprende el escaso sentido crítico y la poca cultura visual con las que el ciudadano medio es capaz de enfrentarse a ellas. Algo parecido ocurre en las aulas. A pesar del gran potencial de la fotografía para explicar y dotar de contexto al mundo en que vivimos, apenas se incluye y utiliza en la escuela, salvo algunas excepciones.

El currículo de segundo de Bachillerato de la LOMCE incluye para sus tres modalidades como materia general de bloque la Historia de España. Se propone, en este contexto, utilizar una herramienta colaborativa, que permite construir conocimiento de un modo participativo, para revisar la historia contemporánea de España, utilizando la obra fotográfica de algunos autores españoles como hilo conductor y elemento ilustrativo.

Los autores que han realizado fotografía social y documental en nuestro país son numerosos y gozan de gran reconocimiento. La revisión de su trabajo no sólo aporta esa necesaria cultura visual que mencionábamos unas líneas más arriba sino que explica de un modo gráfico acontecimientos históricos fundamentales para explicar la sociedad actual. Por otro lado, esta experiencia de enseñanza y aprendizaje colaborativo resulta útil para la adquisición de diversas competencias clave.

Palabras claves

Aprendizaje colaborativo, herramientas colaborativas, historia de España, Bachillerato, fotografía

Introducción

La población mundial es de unos 7.5 mil millones de personas aproximadamente, a día de hoy. De ellos, 3.7 mil millones son usuarios de Internet y las redes sociales tienen unos 2.7 mil millones de usuarios.

Facebook es la plataforma más popular de todas, mientras que en Instagram, en octubre de 2017, se calculaban unos 800 millones de usuarios activos. En esta última, se estima que el número de fotografías que se suben a diario pasó de 70 millones en 2016 a 95 millones al día en 2017. Contenido de carácter puramente visual que consume y genera, en muchos casos, un público joven o adolescente que se ha ido trasladando de una plataforma a otra.

Según la Encuesta sobre Equipamiento y Uso de Tecnologías de Información y Comunicación en los Hogares correspondiente a 2016, que elabora el Instituto Nacional de Estadística, el 50,9% de los niños españoles de 11 años ya dispone un móvil, una proporción que crece hasta el 93,9% entre los de 15 años. Otro dato interesante es que un 80% del tiempo que los usuarios pasan en las redes sociales es a través de dispositivos móviles.

Estas cifras nos acercan a las pautas de utilización de redes sociales, consumo de contenidos y tiempos de acceso de nuestros jóvenes. Sin embargo, y pese a lo que parecen indicar los datos, estudios alertan sobre lo equivocado de la idea de que todos los jóvenes son nativos digitales. Según el Informe de la Fundación Telefónica "20 claves educativas para el 2020", por ejemplo, ni todos lo son ni dominan el uso de las Tecnologías de la Información y de la Comunicación "para usos de provecho".

Este panorama esbozado está en sintonía con las recomendaciones de instituciones, autoridades y estudiosos en el sentido de lo necesario que resulta educar a los jóvenes en el consumo responsable y crítico de los contenidos, en gran parte audiovisuales, que encuentran en Internet y redes sociales. Adquiere, por tanto, especial relevancia el concepto de alfabetización mediática o educación en medios ya que, como dicen Aguaded y Guerra (2012:25), "si la presencia masiva de estos medios ha cambiado la manera de conocer la realidad, filtrándola a través de una nueva realidad, parece fundamental que desde las instituciones educativas se eduque en la lectura de esa realidad mediada". Por otro lado, resulta de particular relevancia que esa alfabetización mediática se produzca en la etapa de Bachillerato por su carácter de vía de conexión con la formación universitaria. Como indican Rodríguez-Rosell, Berlanga y Sedeño (2012:15), citando a Pérez Tornero "una buena alfabetización mediática e informacional conseguida en el bachillerato potenciará una ciudadanía activa y participativa, una universidad más científica y creadora, un humanismo más acendrado y una tecnología más inteligente y orientada siempre al servicio de la humanidad".

Una de las tendencias que se desprenden del informe "La sociedad de la Información en España 2016", que realiza anualmente la Fundación Telefónica, es que los jóvenes recurren a Internet como herramienta para su formación. Según este mismo estudio, y a modo de ejemplo ilustrativo, la demanda a recursos formativos como los MOOC no deja de crecer. En este sentido, el Informe "20 claves educativas para el 2020" recomienda que el aprendizaje se produzca "de forma natural, partiendo de los intereses del aprendiz". Y, además, explica que dicho aprendizaje, más que en los contenidos en sí, se encuentra "en las interacciones que se producen alrededor de ellos" siendo un aprendizaje que consiste en "agregar, remezclar y poner en práctica los conocimientos".

Es cada vez más frecuente encontrar en las aulas metodologías de enseñanza y aprendizaje de carácter cooperativo. Este tipo de aprendizaje apuesta por la adquisición de conocimientos y competencias a través de dinámicas de grupo mediante las que los alumnos construyen su propio aprendizaje. Las ventajas de este tipo de diseño parecen evidentes. Desde el desarrollo de un aprendizaje significativo a una mejora de las relaciones interpersonales, pasando por un aumento de la motivación o la formación en valores, son numerosos los argumentos a favor de su implantación como herramienta pedagógica.

De este modo, el diseño de una actividad de enseñanza y aprendizaje que aúna la utilización de herramientas colaborativas en red con contenidos visuales, estaría en línea con las tendencias y recomendaciones señaladas arriba.

Objetivos didácticos y competencias

Esta propuesta que presentamos describe una actividad de carácter colaborativo que permite construir conocimiento de un modo participativo, revisando la historia contemporánea de España y usando como hilo conductor la historia de la fotografía en nuestro país en el contexto de la asignatura que se imparte en segundo de Bachillerato.

Por otro lado, se trata de una actividad que no sólo aporta esa necesaria cultura visual que mencionábamos antes, sino que va a servir para explicar, de un modo gráfico, acontecimientos históricos fundamentales que ayudarán a nuestros alumnos a entender la sociedad actual, fomentando su sentido crítico.

Además, con la participación en esta actividad se trabaja en la adquisición de competencias clave, según se indica en la Ley Orgánica de Mejora de la Calidad Educativa (2013).

En relación con la competencia lingüística, una actividad de estas características trabaja en la comprensión de distintos tipos de texto mediante la búsqueda, recopilación y procesamiento de la información; permite expresarse de forma escrita en otros soportes y formatos, diferentes de los habituales, y fomenta la interacción con los demás.

La competencia digital, por su parte, se adquiere gracias a la utilización de recursos tecnológicos para la comunicación y resolución de problemas; a la búsqueda y el tratamiento de información de un modo sistemático y a la creación de contenidos superando el rol de meros consumidores de la misma. Promueve, así, una actitud activa, pero también crítica y realista hacia las tecnologías y enseña a respetar principios éticos en su uso.

El trabajo colaborativo requiere de comunicación constructiva en entornos diferentes y de la práctica de la tolerancia ante las propuestas de otros, lo que lleva a la adquisición de competencias sociales y cívicas. También sirve para aprender a aprender, en el sentido de que la realización de una tarea como la que se propone requiere de planificación para su solución y hace a los alumnos protagonistas de su aprendizaje, lo que resulta muy motivador.

También es una actividad que favorece la adquisición de competencias en relación con la conciencia y expresiones culturales, ya que permite el conocimiento de diferentes géneros y estilos de las bellas artes, necesita de una cierta dosis de imaginación y creatividad, sirve para conocer técnicas nuevas para completar proyectos y fomenta el aprecio, disfrute y valoración crítica de obras artísticas.

Por último, creemos que este ejercicio de colaboración para el estudio de la historia contemporánea de España mediante la fotografía alienta el sentido de la iniciativa y el espíritu emprendedor, otra de las competencias clave que indica la LOMCE (2013). No sólo necesita de una cierta dosis de planificación y organización por parte de los alumnos, sino que promueve la adaptación a los cambios, la resolución de problemas, la comunicación y hasta la negociación.

Para finalizar lo relativo a los propósitos de la organización y participación en esta actividad colaborativa, y no menos importante, es necesario mencionar que permite la consecución de los objetivos de la asignatura de Historia de España, según Decreto 67/2008 de 19 de junio, del Consejo de Gobierno, por el que se establece para la Comunidad de Madrid el currículo de Bachillerato. Visto lo anterior, la enseñanza de esta asignatura tiene como finalidad el desarrollo de capacidades como la identificación de procesos y acontecimientos históricos, el desarrollo de una visión integradora o la selección e interpretación de fuentes diversas y su uso crítico para comprender la historia.

Diseño de la actividad

Historia de España es una asignatura troncal de segundo de Bachillerato para sus tres especialidades de Ciencias, Humanidades y Ciencias Sociales y Arte. Sus contenidos, según la normativa citada, se distribuyen en dieciséis temas, agrupados en torno a tres bloques. El primero de ellos presenta contenidos comunes, el segundo recoge las raíces históricas de la España contemporánea y, por último, en el tercer bloque, se estudia la España contemporánea.

Este último bloque de contenidos comienza con la crisis del Antiguo Régimen, la Constitución de 1812 y el inicio del liberalismo y finaliza con la transición a la Democracia. Y, aunque los centros educativos pueden desarrollar y complementar el currículo propuesto por la Administración, haciendo uso de su autonomía, en la práctica, varía más la distribución de los contenidos que éstos últimos.

En cuanto a la fotografía, es comúnmente aceptado que aparece en Francia, en agosto de 1839, cuando Daguerre presenta el proceso ante el Gobierno francés, que compra la patente para ponerlo a disposición del público. Aunque lo anterior es inexacto, ya que Niépce obtiene sus primeras imágenes químicas por medio de la luz en 1826, está extendida la idea de que el daguerrotipo es sinónimo de fotografía y punto de partida de su historia.

En España, se consigue la primera fotografía muy poco tiempo después de la presentación del invento en Francia. Se obtuvo en sesión pública, en Barcelona, en noviembre de 1839, siendo sus autores materiales Pedro Felipe Monlau y Roca y Ramón Alabern. Aquella primera imagen no se conserva, aunque sí el equipo con el que se obtuvo, y durante las siguientes semanas, se repitió el procedimiento, que se hizo muy popular, en diversas ciudades españolas.

En sus primeros años, como apunta Fontcuberta (1983: 302), no era fácil saber qué daguerrotipistas operaban en España por ser muchos de ellos extranjeros de paso en nuestro país. Tampoco hay constancia de una gran preocupación por la autoría de las imágenes hasta pasada la mitad del siglo XIX, cuando empiezan a aparecer estudios fotográficos en las principales capitales de provincia. Es entonces, coincidiendo además con la aparición de nuevos procedimientos que abarataban los costes de la obtención de imágenes, cuando la fotografía como profesión se populariza en nuestro país.

Teniendo en cuenta lo anterior a la hora de desarrollar la propuesta de actividad colaborativa para la enseñanza y el aprendizaje de la Historia de España usando la Historia de la Fotografía, no se utiliza como punto de partida la fecha de su presentación al público sino que se elige una fecha posterior, cuando el proceso de obtención de imágenes utilizando la técnica del daguerrotipo u otras está plenamente extendido y tenemos conocimiento de una obra coherente por parte de algunos autores.

Así, esta actividad se centraría en la parte final del temario de la asignatura, comenzando por el desarrollo del capitalismo en España, la industrialización, la crisis de 1898, la Dictadura de Primo de Rivera y la Segunda República y finalizando con la Transición a la Democracia y la aprobación de la Constitución de 1978.

Partiendo de los contenidos de la asignatura, se divide la clase en grupos de unos seis alumnos, eligiendo cada uno de ellos un periodo histórico. A cada periodo histórico se le asigna un fotógrafo o fotógrafos cuya producción gráfica documenta dicho periodo.

Varios autores están de acuerdo en señalar que Charles Clifford, Jean Laurent y José Spreaffico son los primeros que aportan a la fotografía española una visión de autor. Se interesan por los paisajes, las construcciones, monumentos y captan alguna que otra imagen costumbrista, desde un punto de vista documental, que nos muestra la España del siglo XIX.

Para la revisión de los primeros años del siglo XX proponemos el trabajo de autores como Alfonso, colaborador en los principales diarios de la época, responsable de fotografía de alguno de ellos, reportero gráfico y dueño de uno de los estudios fotográficos más relevantes de Madrid hasta la Guerra Civil, que también documentó junto con su hijo, el también fotógrafo Alfonso Sánchez Portela.

Sin embargo, el fotógrafo más conocido en relación con la Guerra Civil española es, sin duda, Robert Capa. Aunque no es español, es cierto que sus fotografías se han convertido en auténticos iconos del conflicto, por lo que son una fuente documental imprescindible para entender y estudiar este periodo. Sin embargo, proponemos además la revisión del trabajo de Agustí Centelles. El fotoperiodista catalán tiene una obra que rebosa emoción y dramatismo, y su elección nos parece muy oportuna ya que documentó los primeros acontecimientos de julio de 1936, acompañó a varias columnas al frente, y su archivo gráfico contiene miles de negativos de aquel periodo histórico.

La posguerra y la dictadura franquista pueden estudiarse utilizando el trabajo de varios autores. Jalón Ángel es, más que fotoperiodista, retratista. Por su estudio pasaron personalidades relevantes del momento, incluyendo el General Franco cuando era Director de la Academia General Militar de Zaragoza, en 1928. Como curiosidad, diremos que su retrato se utilizó como imagen oficial y en sellos postales. Así que, si bien no se trata de una fotografía documental, tiene el valor de poner imagen y rostro a muchos de los protagonistas de ese momento. Manuel Ferrol, por su parte, aporta la imagen de la emigración, con una conmovedora producción en la que muestra esa dura realidad.

Hermes Pato y Pedro Menchón, fotógrafos de la agencia Efe, y Paco Ontañón o César Lucas, que trabajaban para Europa press practican un fotoperiodismo de calidad que también merece ser tenido en consideración. Y, por último, resulta imprescindible revisar la fotografía de algunos autores que practican un incipiente documentalismo social que nos muestra la vida cotidiana en la España de los años cincuenta con, en algunas ocasiones, un cierto punto de denuncia. Nos referimos a fotógrafos como Ramon Massats, Joan Colom o Ricard Terré, en Barcelona; a Gabriel Cualladó, Gerardo Vielba, Juan Dolcet y otros, que formarían lo que después se conoció como la Escuela de Madrid y el Grupo AFAL, compuesto por Carlos Pérez-Siquier y José María Artero, y que desarrolló su trabajo en Almería.

Para finalizar este recorrido por la historia contemporánea de España de la mano de la historia de la fotografía en nuestro país, el periodo de la Transición a la Democracia y la promulgación de la Constitución son documentados por una generación de nuevos fotoperiodistas que ponen imágenes a aquellos acontecimientos históricos trabajando para recién abiertas agencias gráficas, como Cover, o conocidos diarios, como El País. Profesionales como Marisa Flórez o Queca Campillo, que firman algunas de las más emblemáticas fotografías de este periodo merecen tanto reconocimiento como otros compañeros de esa época como Jordi Socias, Paco Elvira o Manel Armengol.

Sin duda, no hemos mencionado a muchos nombres relevantes de la historia de la fotografía en España. Lo que precede es solo un punto de partida para que los alumnos comiencen a revisar un determinado periodo histórico con la seguridad de que encontrarán otros autores y fotografías relevantes para su estudio.

Entrando más en detalle en lo que a la organización de la actividad colaborativa se refiere, recordamos que los grupos de alumnos en los que se ha dividido la clase deben investigar y recopilar los hechos históricos más relevantes del periodo elegido utilizando como punto de partida el material que incluye el temario de la asignatura (libros, apuntes, guiones, esquemas etc.), los autores propuestos y sus fotografías.

Es fundamental en este momento que haya habido un trabajo previo de preparación por parte del docente, lo que va a facilitar las acciones posteriores. Habrá que dedicar una sesión a explicar la actividad, comunicando cuáles son los objetivos que se pretenden, de qué recursos se dispone y qué se espera del trabajo de los alumnos, con pautas concretas en relación con el trabajo de grupo. Además, se debería ofrecer esta información impresa y para su consulta en línea, aportando también una guía básica de contenidos del propio temario de la asignatura sobre los que comenzar a trabajar en la unión de hechos e imágenes históricos para la consecución de un aprendizaje relevante.

Es el momento en el que, igualmente, se puede favorecer la creación de los grupos de trabajo que, en función de las características de la clase, podrían ser elegidos por los propios alumnos. La ventaja de este sistema tiene que ver con las relaciones interpersonales de los propios alumnos y cómo esto influye en una mejor motivación. Hay que tener en cuenta que los contenidos de Historia Contemporánea de España aparecen en la parte final del curso, por lo que esas interacciones no sólo se han producido sino que, en muchos casos, están consolidadas. Por el contrario, si la elección es hecha por el docente, puede favorecer una mayor diversidad en el grupo, que ha demostrado que favorece la consecución de los objetivos al beneficiarse de puntos de vista dispares. Lo anterior, sin embargo, puede afectar al tiempo que el grupo necesite para llegar a un momento de producción, ya que le harán falta ajustes en lo relativo a las interrelaciones para sentirse cómodos en la tarea.

Hernández, González y Muñoz (2014) abogan, incluso, por la redacción de acuerdos grupales que establecen "unas bases de organización interna, incluyendo los criterios de composición del grupo, la planificación del trabajo y el modo de contacto para asentar las bases de la interacción eficaz del grupo".

Como plataforma del trabajo colaborativo se utilizará una wiki creada por el profesor. Las wikis son herramientas colaborativas muy populares debido a su facilidad de uso y a una serie de características que las hacen muy adecuadas como apoyo en procesos de enseñanza y aprendizaje. Se trata de sitios web colaborativos, que desarrollan varios autores cuyas aportaciones se pueden editar por todos, quedando referencia de todas las acciones realizadas. "Se trata, por tanto, de un espacio que se edifica de manera colectiva y horizontal, que exige diálogo y consenso, puesto que todos los componentes del grupo deciden sobre la idoneidad de los contenidos de la wiki. Asimismo, les proporciona ocasión de observar y analizar los resultados de sus acciones, con lo que se genera un aprendizaje constructivo y reflexivo" (Díez, 2012:179).

El profesor preparará la wiki utilizando una plataforma como, por ejemplo, Wikispaces. Después, generará un código para que cada alumno pueda incorporarse a la herramienta, ordenándolos por grupos en relación con el periodo histórico escogido.

Los alumnos pueden empezar a trabajar creando páginas de contenidos a las que añadirán texto, material gráfico y enlaces. La comunicación entre el grupo se produce mediante chat interno. De este modo, el profesor puede también valorar la cantidad y calidad de sus interacciones a través de la opción de *engagement* que ofrece la plataforma. También disponen de la posibilidad de enfocar la actividad como un proyecto e, incluso, utilizar un calendario para establecer tareas y plazos de cumplimiento. Cualquier acción en la plataforma queda registrada, siendo muy útil también para revisar el trabajo que se ha realizado, la participación y el grado de compromiso con la tarea.

Resulta ser, en definitiva, una herramienta sencilla a la que se puede sacar mucho partido desde el punto de vista pedagógico aunque podríamos utilizar de un modo igualmente eficaz otro tipo de sistemas como Google Drive.

Una vez realizada la selección de datos históricos, fuentes fotográficas y otros elementos de apoyo al estudio del periodo sobre el que se está trabajando, proponemos su presentación de un modo visual mediante la preparación de una línea temporal. Se trata de un gráfico, más o menos elaborado, que presenta una secuenciación de acontecimientos ordenada por fechas. Si bien es cierto que la Historia no sigue un orden lineal, dicha representación ayuda a los alumnos a entender con mayor facilidad cómo se suceden los diferentes acontecimientos y las relaciones que se producen entre ellos.

Tenemos a nuestra disposición variados recursos online para generar este tipo de contenido. De entre todos los revisados, elegimos tres posibles opciones, aunque se podrían utilizar otras. Time Toast permite la creación de líneas temporales sobre las que se marcan puntos temporales con texto, imagen o vídeo. Sin embargo, su mayor inconveniente reside en que admite un solo usuario, lo que dificulta el trabajo colaborativo. Rememble supera este inconveniente, ya que permite crear líneas temporales en grupo y formar comunidades. Por otro lado, admite todo tipo de contenido, textual, gráfico e incluso tweets. Por último, Tiki-Toki genera líneas temporales en tres dimensiones, que resultan muy vistosas, y se pueden compartir mediante url, lo que las hace muy interesantes.

Se ha demostrado el valor de los organizadores gráficos de información, como las líneas de tiempo, a la hora de ayudar a descubrir relaciones entre ideas y de esas ideas con un todo, facilitando la comprensión tanto a nivel global como más detallado y de un modo más eficaz y rápido. Por otro lado, presentar los resultados de la actividad realizada de un modo gráfico resulta coherente con las ideas expuestas en relación con el consumo de imágenes y el impacto que éstas tienen en los jóvenes.

Entrando, por último, en aspectos más concretos, para poder realizar el trabajo los alumnos necesitan acceso a un equipo informático con conexión a Internet y una cuenta de correo electrónico, que puede ser personal o creada *ad hoc* para realizar la actividad. Con estas cuentas de correo, los alumnos tendrán que darse de alta en las herramientas colaborativas, recibiendo un tutorial para su utilización antes de comenzar con la actividad. Lo anterior resulta fundamental para sacar partido a todas la opciones que proporcionan dichas herramientas colaborativas propiciando en los alumnos una mayor autonomía durante la realización de la tarea.

Criterios de evaluación

El Decreto 67/2008 de 19 de junio, del Consejo de Gobierno, por el que se establece para la Comunidad de Madrid el currículo de Bachillerato indica, entre otros, los siguientes criterios de evaluación que se aplicarán a esta actividad: conocer y analizar los procesos y los hechos más relevantes de la historia de España, situándolos cronológicamente dentro de los distintos ritmos de cambio y permanencia y conocer y utilizar las técnicas de investigación propias de la Historia, recoger información de diferentes tipos de fuentes valorando críticamente su contenido, y expresarla utilizando con rigor el vocabulario pertinente.

Tomando lo anterior como base, se crearía un instrumento de evaluación objetivo, una rúbrica, que les sirva también como orientación de aquellos aspectos sobre los que actuar a la hora de desarrollar la actividad.

La rúbrica presenta los contenidos que se valoran y el peso de cada uno de ellos, teniendo en cuenta las competencias clave y los objetivos que se describen en el apartado correspondiente de este trabajo. Cada uno de esos parámetros puede ser calificado según un nivel del 1 al 4, indicando el nivel 1 que no se han alcanzado los objetivos y el nivel 4, lo contrario, que se han alcanzado con éxito. De este modo, se va a valorar que el alumno sea capaz de destacar los hechos históricos más relevantes de cada periodo, que haya sido capaz de encontrar material gráfico relevante como apoyo a la información anterior, que haya utilizado de un modo eficaz las herramientas colaborativas online para la realización de la tarea y que haya sido capaz de realizar un trabajo en grupo, presentando resultados bien estructurados, oportunos y creativos.

Una de las condiciones para que se produzca el aprendizaje cooperativo tiene que ver con el *feed back* continuo y la evaluación periódica. No se trata sólo de calificar sobre la adquisición de contenidos sino también de realizar una evaluación formativa sobre el propio proceso de aprendizaje. Así, resulta necesario reflexionar con nuestros alumnos sobre las dificultades surgidas durante la actividad y su solución, áreas de mejora y desempeño de cada individuo en el grupo.

No olvidemos que en este tipo de actividades, tan importante es el resultado final como el camino recorrido hasta llegar a él y que, a fin de cuentas, la tecnología y el diseño de la actividad no deja de ser un modo para facilitar un aprendizaje más eficaz.

Discusión y conclusiones

Las ventajas de incorporar al aula una actividad grupal con herramientas colaborativas online pueden resultar evidentes. Barkley, Cross y Howell (2012:30) mencionan entre ellas la mayor profundidad del aprendizaje, los distintos puntos de vista que aporta la diversidad del grupo, la mejora de las relaciones interpersonales o lo divertido que puede resultar trabajar según este sistema. Sin embargo, no todos los grupos resultan productivos. No debemos dejar de lado que, en los grupos disfuncionales, "las personas avanzan a distinta velocidad, algunos estudiantes dominan el grupo mientras que otros evaden el trabajo y no hacen la parte que les toca, en la conversación no se centra el tema y se pierde el tiempo y, que algunos grupos simplemente no funcionan".

Por su parte, García-Valcárcel, Basilotta y López (2014) inciden en aspectos más concretos aún y que resultan especialmente reveladores. De su investigación se desprende que algunos profesores piensan que se pierde el control de los alumnos, que éstos realizar aportes desiguales en función de su motivación, las dificultades a la hora de evaluar, que no todas las asignaturas son susceptibles de trabajar según este sistema y que la madurez de los estudiantes es un factor que tiene mucho peso. Además, requiere un importante trabajo de preparación previo, así como de seguimiento, lo que significa más tiempo del que, muy a menudo, no disponen.

En la práctica, el aprendizaje de forma colaborativa no es sencillo. Por lo general, no sabemos trabajar en equipo de un modo productivo; probablemente, porque no se nos enseña a ello. En muchas ocasiones, trabajar en grupo es sinónimo de poner a varias personas juntas y darles un objetivo común. Como si, de ese modo, se desarrollaran automáticamente unas sinergias que, de modo natural, nos van a permitir trabajar de manera cooperativa de un modo eficaz. Nada más lejos de la realidad.

Cobra entonces especial relevancia el papel del profesor como organizador, conductor y dinamizador del grupo con el objetivo de que alcancen sus metas. La formación en este sentido no es una cuestión de carácter menor. De acuerdo con esto, Torrego (2011) propone el interés que tiene que los docentes analicen y reflexionen de manera constructiva sobre los resultados de aprendizaje, establezcan canales para compartir experiencias y que se fomente el diálogo entre iguales sobre la práctica profesional.

Diseñar una actividad cooperativa requiere un importante trabajo previo de preparación, más aún cuando se utilizan herramientas colaborativas online. Es imprescindible partir de los objetivos de la asignatura y pensar en una tarea que sea no sólo relevante, sino también motivadora para nuestros alumnos en función de sus competencias, intereses y madurez.

No resulta menos importante comunicar al grupo cuáles son esos objetivos, explicar en qué consiste la tarea y formar a nuestros alumnos para ella. De igual modo, debe producirse una evaluación frecuente tanto en relación con la consecución de los objetivos, como con la adquisición de competencias así como reflexionar sobre el propio proceso de aprendizaje.

Para finalizar, las limitaciones que tiene la incorporación de esta actividad al currículo de la asignatura de Historia de España de segundo de Bachillerato estarían conectada a todas esas desventajas señaladas. Pero, además, existe otra igualmente destacable que tiene que ver con que nuestra propuesta es un diseño teórico, que no ha sido aplicado. En este sentido, no podemos demostrar su eficacia a la hora de mejorar el aprendizaje de los contenidos de la asignatura por parte de los alumnos ni en el desarrollo de esa necesaria cultura visual que hemos defendido al inicio de este texto. Lo anterior incide también en que el desarrollo de esta actividad colaborativa quede incompleto en lo relacionado con la temporalización y recursos necesarios para su puesta en práctica. Sí podemos apuntar, sin embargo, que el trabajo con herramientas colaborativas y la utilización de la fotografía como hilo conductor de esta actividad proporcionan a la imagen, tan habitual en su contexto diario, una dimensión nueva.

Referencias bibliográficas

Aguaded, I. y Guerra, S. (2012). Razones para una educación mediática en la sociedad multipantallas. *Sphera Pública. Revista de Ciencias Sociales y de la Comunicación*, 12, 21-39.

Barkley, E., et al. (2012). Técnicas de aprendizaje colaborativo: manual para el profesorado universitario. Madrid: Ediciones Morata.

Díez, E. J. (2012). Modelos socioconstructivistas y colaborativos en el uso de las TIC en la formación inicial del profesorado. *Revista de Educación*, 358, 175-196.

Fontcuberta, J. (1983). Notas sobre la fotografía española. En B. Newhall, *Historia de la fotografía desde sus orígenes hasta nuestros días* (pp. 300-322). Barcelona: Gustavo Gili.

Fundación Telefónica. (2016). La sociedad de la Información en España 2016_. Barcelona: Ariel.

Fundación Telefónica. (2013). 20 claves educativas para el 2020. ¿Cómo debería ser la educación del siglo XXI? Recuperado de file:///C:/Users/Ana/Downloads/20_encuentrointernacionaleducacion%20(2).pdf [Recuperado 27/12/2017]

García-Valcárcel, A. Basilotta, V. y López, C. (2014). Las TIC en el aprendizaje colaborativo en el aula de Primaria y Secundaria. *Comunicar*, 42, XXI, 65-74.

Hernández, M. González, M. Muñoz, P. (2014). La planificación del aprendizaje colaborativo en entornos virtuales. *Comunicar*, 42, XXI, 2014.

López Mondéjar, P. (2005). Historia de la fotografía en España: fotografía y sociedad, desde sus orígenes hasta el siglo XXI. Barcelona: Lunwerg.

Pérez Tornero, J. M. (2012). Competencia mediática e informacional en el Bachillerato. Intervención realizada en el seminario sobre un nuevo Bachillerato organizado por la Sociedad Catalana de Pedagogía y el Colegio de Doctores y Licenciados de Cataluña en el Instituto de Estudios Catalanes. Recuperado de http://bit.ly/2guun2i [Recuperado 27/12/2017]

Rodríguez-Rosell, M. Berlanga, I. y Sedeño, A. (2013). Análisis crítico de dimensiones de la competencia audiovisual en la etapa de Bachillerato. *Historia y Comunicación Social*, 18, especial noviembre, 703-712.

Torrego, J. C. y Negro, A. (coords.) (2014). Aprendizaje cooperativo en las aulas. Fundamentos y recursos para su implantación. Madrid: Alianza Editorial

PROPUESTA DE TRANSFERENCIA DE INVESTIGACIÓN SOBRE COMPETENCIA MEDIÁTICA: EDUCLIPS

Mari Carmen Caldeiro Pedreira
Universidad Pública de Navarra
María del Mar Rodríguez Rosell
Universidad Católica de Murcia
Paula Renés Arellano
Universidad de Cantabria
Ignacio Aguaded Gómez
Universidad de Huelva

Resumen

La producción de imágenes y contenidos -prácticamente instantánea-, más allá de la transmisión de imágenes y contenidos mediatizan la realidad de los Millenials y la Generación Z; se hace necesario por tanto promover prácticas de reflexión sobre los procesos comunicativos actuales; no olvidemos que la realidad social y mediática junto con la digitalización y la interactividad se han convertido en un baluarte fundamental hoy en día. En el marco europeo, el español y en los diferentes contextos curriculares comienzan a incluirse de forma tímida los contenidos digitales y mediáticos. Así surge el proyecto EDUCLIPS, con un carácter lúdico-educativo, enmarcado en el contexto de la competencia mediática y el desarrollo de la actitud crítica y responsable por parte de estudiantes universitarios. El objetivo fundamental de esta iniciativa es promover la producción y realización audiovisual de todas aquellas propuestas realizadas por universitarios, centradas en temas educativos. De esta manera se busca concienciar de la necesidad de producir y difundir imágenes y contenidos de manera responsable, una necesidad que se acentúa en un contexto donde prima la interactividad y la instantaneidad, dos características que en ocasiones se oponen o dificultan el desarrollo ético y racional de la tarea. En la comunicación que presentamos mostramos el origen del proyecto EDUCLIPS y su continuidad en el contexto más reciente.

Palabras clave

competencia mediática, universidad, educación, actitud crítica.

1. Comunicación y educación en el contexto digital

Las posibilidades derivadas de la omnipresencia de medios y herramientas digitales multiplican, en la sociedad hipermedia (Caldeiro y Aguaded, 2015a), las formas de comunicación y de interacción instantánea e inmediata. Esta realidad genera una serie de aspectos que conviene tener en cuenta, sobre todo a la hora de enseñar.

La ingente cantidad de pantallas, así como la proliferación de dispositivos móviles a la que contribuye la conocida obsolescencia programada generan en la ciudadanía una inconsciente dependencia y acrecientan el interés por mantenerse actualizado. Objetivos que si pretenden alcanzarse de forma incontrolada pueden convertirse en perniciosos. Por ende, en el contexto digital actual resulta fundamental tener en cuenta la totalidad de herramientas de las que disponemos y los elementos que conforman el proceso comunicativo; estos últimos: de forma especial el emisor y el receptor deben desarrollar las habilidades que le permiten convivir en la sociedad comunicativa y digital actual. En este sentido, no podemos olvidar que la realidad y la degeneración de la misma avanzan a pasos insospechados y de manera veloz. Más allá de la conocida manipulación mediática a la que nos vemos sometidos, en cierto modo de manera inconsciente, hoy en día proliferan las noticias sobre uso inadecuado y pernicioso de la red, cyberbullying, growming, sexting u otros aspectos que dañan la integridad física y la convivencia. Situaciones que conducen a pensar que una solución podría ser la restricción del uso de dispositivos móviles y tecnológicos, una alternativa que a priori y dada la realidad actual no resultaría efectiva. Si bien el control resulta imprescindible, no es la única forma de prevenir situaciones como las mencionadas: al control debe sumársele la educación.

A lo largo de la historia, y según han ido ocurriendo los diferentes cambios sociales y comunicativos, el ámbito educativo, tanto el formal como el no formal, ha tenido que adaptarse a las necesidades que surgen en cada momento. En esta línea y siguiendo al pedagogo de los oprimidos (Freire, 1968) conviene abogar por el diálogo y la reflexión como formas de crecimiento. Asimismo y partiendo de esta base, hoy en día deben subrayarse las diferencias que han ido acaeciendo, especialmente las de índole tecnológico.

La realidad más inmediata nos permite interactuar y dialogar de forma instantánea con la práctica totalidad del globo terráqueo si bien todo ello no significa que se realice adecuadamente; es decir manteniendo la forma ni el propósito adecuados. Especialmente en el caso de los menores, resulta imprescindible un acompañamiento que guie las actuaciones éticas. Una necesidad que se extiende, en ocasiones, no solo al colectivo adolescente sino a la ciudadanía en general.

La alfabetización informacional y mediática a la que se han referido el Parlamento y la Comisión Europea, DOUE (2009) ha centrado el interés de organismos la UNESCO (2011) que a través del CML «Center Media Literacy» establece las "Five key questions that can change the world", se trata de 5 preguntas clave para analizar los documentos de los medios de comunicación. Preguntas que deberían servir de referente a la hora de producir mensajes; en este sentido el «prosumer» (Sánchez-Carrero y Contreras, 2012) debería respetar tales pautas a la hora de comunicarse a través de los diferentes medios y redes que hoy en día inundan el ecosistema mediático.

Partiendo de esta base y como aplicación al contexto nacional surgen diferentes iniciativas que buscan diagnosticar cuál es la situación actual en el entorno español para, sentar precedente sobre el que diseñar estrategias o recursos que favorezcan el alcance de la competencia crítica (Caldeiro y Aguaded, 2015b). En la línea señalada, en el contexto español trabajan, entre otros, los Consejos Audiovisuales de Cataluña y Andalucía o la AUC «Asociación de usuarios de la comunicación». Además de ello, en el ámbito académico y concretamente en la Educación Superior, destaca la tarea del Gabinete de Comunicación y Educación dependiente de la UAB «Universidad Autónoma de Barcelona», el Grupo Habitaciones de Cristal, profesionales de la Universidad de Zaragoza que centran el interés en una serie de procesos relacionados con los medios vistos no solo desde su papel de elementos de comunicación sino desde la óptica educativa. Asimismo, existen iniciativas que se desarrollan en el ámbito de la comunicación como la desarrollada por los profesores Charo Sádaba y Xavier Bringué, dos autores que han escrito diferentes textos sobre la generación interactiva a la que denominan «nacidos digitales» (2012).

Por su parte, el Grupo andaluz Comunicar, colectivo veterano, con 30 años de experiencia se encarga de difundir aquellos artículos científicos de carácter internacional que mejor recogen experiencias relacionadas con la educación, la comunicación y el desarrollo de la competencia mediática en la actualidad. En este sentido y con esta línea entronca el trabajo desarrollado hace más de un lustro en el proyecto de I+D+i de Competencias Mediáticas. Una iniciativa que surge en el contexto de la ciudadanía andaluza en 2010 y se ha extendido al ámbito nacional en 2013, revalidando su valía e interés en 2015. Un proyecto que supera los límites europeos y a través de la Red Internacional de Competencias Mediáticas, «Alfamed» se extiende no solo por Europa, Italia, Portugal o República Checa, sino que se desarrolla en casi la práctica totalidad de países de América Central y del Sur. Entre los objetivos principales del proyecto de Competencias Mediáticas figuran, no solo establecer las dimensiones de la competencia mediática y diagnosticar la situación de la ciudadanía en los diferentes contextos geográficos en los que se desarrolla sino además diseñar aplicaciones y herramientas adaptadas a las necesidades de los colectivos diagnosticados. Materiales que favorezcan el desarrollo de la competencia mediática que permite la interrelación social, la participación activa y la comunicación responsable, de forma desatacada en el ecosistema mediático más reciente y en la sociedad multipantalla donde vivimos.

2. Competencia mediática, producción de contenidos e interrelación social

La competencia mediática surge en el marco de la competencia audiovisual y ha sido definida en torno a las dimensiones de la tecnología, lenguaje, interacción, producción, valores y estética y a sus correspondientes indicadores, (Ferrés 2006; Ferrés y Piscitelli, 2012).

En este sentido la Comisión Europea (2011) se refiere a la competencia mediática como la habilidad que permite analizar de forma crítica los contenidos audiovisuales; una actitud imprescindible para la convivencia de la ciudadanía digital que convive no solo con la tecnología sino con los contenidos que a través de esta se difunden. En este sentido, la ingente cantidad de mensajes a los que nos encontramos expuestos justifica la necesidad de, no solo comprenderlos y decodificarlos adecuadamente sino que requiere del alcance de las dimensiones de producción de estos acorde al contexto y al receptor. Por ende, resulta fundamental que no solo a edades tempranas sino de forma general a la totalidad de la ciudadanía se les enseñe a elaborar contenidos de manera responsable. Hoy en día no es suficiente con saber manejar un dispositivo a nivel tecnológico sino que además es fundamental conocer el lenguaje, su significado, cómo ha de utilizarse y cuáles son sus potenciales efectos. En la era de la interactividad las generaciones digitales, independientemente de su edad deben interactuar conforme al contexto y teniendo presentes principios como el de responsabilidad, respeto mutuo o igualdad, entre otros. Además es básico no violar la privacidad ni tampoco la autoría, dos cuestiones que resultan clave para el desarrollo de la adecuada convivencia. Asimismo en la producción de contenidos y el desarrollo de la correcta interrelación conviene tener en cuenta además de los valores mencionados, el principio de la estética dado que unos y otros conforman la capacidad crítica y favorecen la convivencia.

Para ello es necesario subrayar el papel y responsabilidad de los diferentes agentes que conforman el ámbito educativo en particular y la sociedad en general. A diario nos enfrentamos con situaciones en las cuales editamos, recibimos y difundimos información ya sea en el ámbito público, en el privado o en ambos; todo esto genera la necesidad de desarrollar unos conocimientos base que brotan en la familia y se perfilan en la sociedad en general para terminar construyéndose en la escuela. En este proceso de construcción es necesario destacar el valor determinante del ecosistema mediático donde además de las pantallas adquiere un valor neurálgico importante Internet. La red de redes favorece el contacto con identidades diversas y la comunicación, en ocasiones no segura; por tanto es necesario que la totalidad de usuarios desarrollen la competencia mediática que hace posible su actuación responsable. Asimismo sería deseable el alcance de la competencia crítica (Caldeiro y Aguaded, 2015b) con base en las dimensiones de la producción, estética y valores que favorezca la interrelación social y cívica de la ciudadanía, independientemente de su raza, ideología o procedencia.

En el contexto actual, contamos además con diferentes marcos legislativos que analizan el alcance no solo de estas competencias sino también de la competencia digital sobre la que podríamos situar a las demás. La totalidad de recursos y medios justifica el interés del proyecto que presentamos: Educlips, una iniciativa dirigida al alumnado universitario pero que podría ser susceptible de adaptar a otros colectivos. Asimismo y dado que no es suficiente con consumir contenidos audiovisuales, se certifica el necesario desarrollo de la competencia mediática que busca el alcance del prosumer (Sánchez y Sandoval-Romero, 2012) o del produce, Hernández, Renés y Greenhill (2017:77). Se trata de, nuevas audiencias que conforman el ecosistema mediático y que necesitan además de recibir, producir contenidos de forma mínimamente responsable, autónoma y crítica.

3. El proyecto Educlips

3.1. Contextualización

La primera edición de Educlips, surgió en el año 2014 como un proyecto de transferencia del conocimiento derivado del I+D del Ministerio de Economía y Competitividad con clave: EDU2010-21395-C03-03, titulado "La enseñanza obligatoria ante la competencia en comunicación audiovisual en un entorno digital" y del Proyecto de Investigación de Excelencia de la Junta de Andalucía SEJ-5823-2010, denominado "La competencia audiovisual de la ciudadanía andaluza. Estrategias de alfabetización mediática en la sociedad del ocio digital", bajo la dirección del IP principal: Dr. Ignacio Aguaded, así como de Dra. Jaqueline Sánchez y la Dra. Paula Renés.

En su segunda edición (actualmente en curso), este concurso se ha enmarcado a día de hoy en la Red Alfamed (Red Interuniversitaria Euroamericana de Investigación en Competencias Mediáticas para la Ciudadanía), con el apoyo del Proyecto I+D+I Coordinado "Competencias mediáticas de la ciudadanía en medios digitales emergentes (smartphones y tablets): practicas innovadoras y estrategias educomunicativas en contextos múltiples" (EDU2015-64015-C3-1-R) (MINECO/FEDER), y de la "Red de Educación Mediática" del Programa Estatal de Investigación Científica-Técnica de Excelencia, Subprograma Estatal de Generación de Conocimiento (EDU2016-81772-REDT), financiados por el Fondo Europeo de Desarrollo Regional

(FEDER) y Ministerio de Economía y Competitividad de España. En esta línea, el staff directivo del proyecto en 2017 se concreta a través del Dr. Ignacio Aguaded, Dra. Mar Rodríguez, Dra. Mari Carmen Caldeiro y Dra. Paula Renés.

3.2. Objetivos

Con la finalidad de lograr ese proceso de transferencia del conocimiento de las diferentes líneas de investigación que se han ido desarrollando desde el inicio de la investigación sobre competencia mediática, el proyecto Educlips, tanto en su primera como segunda edición, se concreta en un concurso de vídeos educativos que busca promover la producción audiovisual en los alumnos universitarios a través de los siguientes objetivos generales:

1. Promover la producción y realización audiovisual de todas aquellas propuestas realizadas por universitarios, centradas en temas educativos.

2. Fomentar la creatividad de los estudiantes a través de la producción audiovisual.

3. Facilitar al profesorado producciones que puedan ser utilizadas en sus actividades docentes cotidianas.

3.3. Diseño

En cuanto al diseño del proyecto, mencionado a partir de ahora como concurso, y una vez citados los objetivos del mismo y el marco de contextualización, se hace necesario mencionar cómo y de qué manera se gestiona el concurso.

Para la creación del concurso se creó un equipo de trabajo encargado de dirigir, difundir, gestionar y evaluar los recursos audiovisuales que elaboran el alumnado universitario para tal fin. En este sentido, se creó la siguiente página web http://educlips.es/index.php, como escaparate para difundir el proyecto a la vez, que sirve de gestor de materiales.

Esta página web recoge todos los objetivos, equipo, fases y normativa que se requiere para participar en el concurso y que resulta de interés esencial para el alumnado universitario que desee elaborar un Educlip, es decir, un vídeo educativo de máximo 5 minutos sobre la temática que se le exige según la edición de 2014 o 2017. En la primera edición, la temática fue abierta en cuanto a materiales audiovisuales que tuviesen un carácter educativo. Es en esta segunda edición, 2017, en la que como resultado de los últimos temas de actualidad, el Ciberbullying y la Igualdad de han convertido en el espejo social de las necesidades y demandas que actualmente nos preocupan y que por tanto, han sido objeto de interés.

Las pautas a seguir por parte del alumnado universitario que desee participar en el concurso están expuestas en la página web y son las siguientes:

- Los participantes del Concurso Educlips deben ser estudiantes universitarios del ámbito español y estar inscritos en algún curso o programa académico a partir del 2017.

- El participante que se registre y suba el vídeo será la persona responsable ante el Concurso Educlips.

- Todos los vídeos deben cumplir con la normativa legal especificada durante el proceso de registro. Asimismo, el equipo de dirección podrá solicitar en cualquier momento del concurso algún documento de acreditación si no estuviese claro.

- El participante debe indicar en los créditos la autoría musical o si esta es libre de Derechos de Autor (ver apartado Derechos de Autor).

- El participante debe subir el vídeo previamente a algún canal de YouTube y posteriormente registrarlo en la página del Concurso Educlips en la pestaña "Concurso". No se recibirán trabajos por otras vías.

- No podrán participar miembros de la familia directa (hermanos, hijos, nietos) del Jurado Profesional del Concurso Educlips.

- Un mismo participante puede registrar dos vídeos como máximo.

- La participación en Educlips es totalmente gratuita.

- Para cualquier consulta se dispone del siguiente contacto: información@educlips.es

- No se admitirán vídeos con contenidos que muestren violencia, vulgaridad, lenguaje difamatorio u otro contenido considerado inapropiado por los organizadores de Educlips.

- No se aceptarán vídeos que incluyan publicidad, logotipos, ni recomendaciones para seguir webs, blogs, etc.

- Enfoque: debe ser un vídeo susceptible de ser utilizado en una clase como recurso educativo.

- En el aspecto técnico debe contar con un mínimo de calidad tanto en la imagen como en el sonido, que permita que el contenido sea comprensible.

- Los vídeos pueden ser producidos en cualquier estilo y género: ficción, documental, animación, reportaje, vídeo musical, etc.

- Se valorará la capacidad de innovación en el tratamiento audiovisual de los vídeos.

- Los vídeos deben estar realizados en idioma español, o subtitulados al español.

- La duración máxima no debe exceder de 5 minutos, incluyendo títulos y créditos.

- Los vídeos deben haber sido producidos a partir de enero de 2017 (en la segunda edición).

- Se deben cumplir los plazos temporales indicados para el concurso.

En relación al equipo que conforma este concurso, está el Staff Directivo ya mencionado, que es el encargado de diseñar, elaborar y gestionar el proyecto. Sin embargo, su función no sería posible sin la existencia de otros profesionales del ámbito que apoyen, dinamicen y enjuicien positivamente y con rigurosidad todo este proceso. Por dicho motivo, además del staff directivo, nos encontramos con un Equipo de Dirección que se encarga de velar porque los vídeos que se registran en el concurso cumplan con la normativa legal del mismo. Además de estos dos equipos, están los Embajadores, un conjunto de profesores universitarios que se encargan de difundir el concurso entre toda la comunidad educativa de su universidad, y el Jurado, profesores también del ámbito universitario y expertos en la temática y en el campo tecnológico y audiovisual que serán los encargados de votar cada uno de los vídeos participantes. Asimismo, una novedad que se ha incorporado esta segunda edición, es el Equipo de difusión de Redes", un grupo de profesores universitarios que se están encargando de difundir a través del Blog, Facebook, YouTube, Twitter, prensa o radio, el concurso a nivel nacional.

En cuanto a la fase de concurso, aquellos alumnos universitarios que deseen hacerlo deberán llevar a cabo los siguientes pasos:

1. Elaborar el Educlips cumpliendo con la normativa vigente.

2. Subirlo a YouTube.

3. Uno de los participantes será quien se registre en la página del concurso: http://educlips.es/subeycompartetuvideo.php

4. Una vez registrado, accederá a su cuenta personal creada para subir su Educlip.

Durante la fase de concurso, que la edición anterior empezó el 20 de septiembre de 2014 y finalizó el 28 de Noviembre de 2014, todos los vídeos participantes en el concurso pasaron a ser evaluados (este año nos encontramos en fase de participación aún sin finalizar).

La selección de los Educlips premiados será fruto de la valoración y votaciones tanto de un jurado profesional como de un jurado popular. El jurado profesional está formado por docentes representantes de las diferentes universidades españolas que participan en el Concurso EDUCLIPS, tal y como se señaló anteriormente, mientras que el jurado popular lo forman los usuarios, sean o no creadores de Educlips, que con sus votos contribuyen a seleccionar los tres vídeos premiados en esta convocatoria.

Entre los criterios para la selección de los ganadores destacan los siguientes aspectos: finalidad educativa, guión, creatividad, fotografía, banda sonora, vestuario, calidad de la actuación, logro en los efectos especiales, que sea cercano a la realidad social actual, que incluya valores positivos, y que sea divertido.

En relación con el premio del concurso éste se centrará en los 3 mejores vídeos participantes y si el vídeo es elegido como uno de los 3 ganadores, el participante tiene la oportunidad de que sea emitido en la 2 de Televisión Española (TVE) en el programa "La Aventura del Saber", un espacio divulgativo que viene emitiéndose desde 1989 y que da a conocer a través de reportajes y entrevistas distintos temas entre los que destacan la cultura, la ciencia, la tecnología o el medio ambiente.

Si así lo desean, los premiados podrán, si lo estiman, acudir a los estudios de Prado del Rey (Televisión Española) a presentar sus vídeos. En tal caso, los gastos del viaje y la estancia de los ganadores deberán ser sufragados por la Universidad a la que pertenezcan.

3.4. Vídeos ganadores. Edición 2014.

En la edición 2014 los vídeos ganadores de la misma fueron los siguientes:

1.   EDUCA-ACCIÓN (Universidad de Jaén)

Figura 1. Primer vídeo ganador: EDUCA-ACCIÓN

Este vídeo recoge el testimonio de personas mayores que relatan cómo fue su enseñanza durante sus años de escolarización en la escuela y ofrecen sus opiniones, emocionales y sentimientos sobre la actual educación, los cambios que se han producido y sus reflexiones sobre la importancia de estudiar.

2.   NO TE QUEDES PARADO. (Universidad de Huelva)

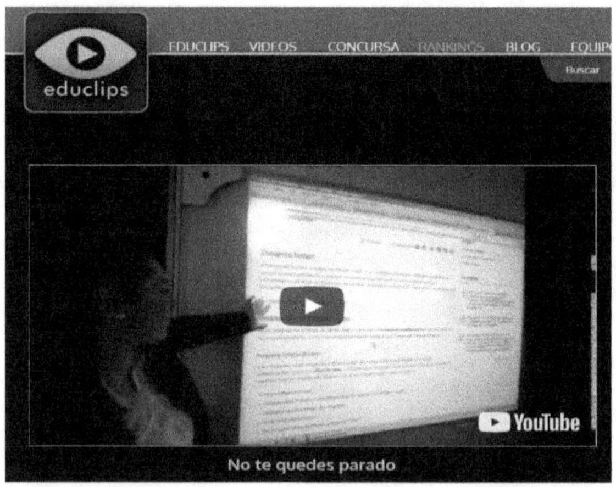

Figura 2. Segundo vídeo ganador: NO TE QUEDES PARADO

El segundo vídeo ganador, a través de imágenes y una banda sonora permanente a lo largo del vídeo, ofrece episodios sobre la búsqueda de empleo por parte de los jóvenes, promoviendo la lucha contra el desempleo juvenil de nuestra sociedad actual.

3. QUESO GRUYERE Y ENCAJE DE SEDA. (Universidad Jaime I)

Figura 2. Tercer vídeo ganador: QUESO GRUYERE Y ENCAJE DE SEDA

En el caso del tercer vídeo ganador: Queso Gruyere y encaje de seda, el género es una comedia-dramática ambientada en los años 20. Paquita, la protagonista de la historia, está casada con un hombre bastante machista, que le maltrata tanto física como psicológicamente. Paquita ya cansada de su marido se enamora de John, un hombre de color que va vendiendo quesos por las calles del pueblo. Al ser diferente a los demás todo el pueblo lo rechaza menos Paquita que es la única capaz de mirar más allá de la apariencia. A partir de ahí sucederán una serie de circunstancias donde toda la gente se irá dando cuenta de que convivir con gente de diferentes culturas y razas se convertirá en algo positivo.

4. Conclusiones

La primera edición del Certamen Educlips, se cerró con un altísimo éxito de participación y con más de 30 Universidades participantes de toda España con el objeto de fomentar la producción audiovisual educativa entre jóvenes universitarios españoles, promovido por el I+D EDU2010-21395-C03 y el Proyecto de Excelencia SEJ-5823-2010.

La participación del jurado popular con miles de votos y del jurado profesional, además de la labor de difusión hecha por los profesores universitarios en calidad de embajadores, ha hecho posible esta primera edición del concurso.

El Staff Directivo y el Equipo de Dirección, una vez analizados todos los votos, decidió seleccionar como ganadores de esta primera fase a:

1. EDUCA-ACCIÓN (5.00) (Universidad de Jaén)

2. NO TE QUEDES PARADO (2:51) (Universidad de Huelva)

3. QUESO GRUYERE (4:59) (Universidad Jaime I)

De esta manera, el equipo al completo agradeció sinceramente su amplia colaboración y los ganadores fueron presentados en el programa "La aventura del saber" de TVE.

En este sentido, el concurso Educlips, se ha convertido es un proyecto no solo de transmisión del conocimiento sino también de movilización hacia la creación de recursos audiovisuales, promoviendo en el alumnado universitario capacidades y destrezas como "prosumer" y "producer". Y la Web que se ha construido, favorece el empoderamiento a los educadores a través del repositorio creado gracias a las aportaciones de los vídeos de los alumnos.

Actualmente, la sociedad está exigiendo una preparación como ciudadanos competentes en medios de comunicación, siendo críticos, activos y responsables ante los mismos para favorecer hábitos democráticos y equitativos entre las personas. *Los medios audiovisuales gracias a la digitalización y la electrónica han ampliado sus formatos, constituyendo un nuevo paradigma mediático y cultural en el que se favorece tanto la dinámica comunicativa como la informativa* (Pérez-Rodríguez, Delgado-Ponce, García-Ruiz y Caldeiro, 2015:17). Reflexionar sobre la influencia que están generando los medios de comunicación sobre los ciudadanos y concretamente sobre los alumnos universitarios, futuros profesionales de nuestra sociedad, y jóvenes que han crecido rodeados de tecnología (Bringué y Sábada, 2011), es un elemento que se ha tenido presente en este proyecto, facilitando a los estudiantes ser partícipes activos en el proceso y a los educadores, como protagonistas que pueden hacer uso de los recursos audiovisuales creados para un fin educativo. De esta manera, el proceso de diseño, creación y edición de vídeos por parte del alumnado, les está ofreciendo la oportunidad de mejorar su formación más allá de acceder a contenidos audiovisual o consumirlo, estamos hablando de crearlo, de trabajar en equipo, de diseñar, de motivarse y de ser, por tanto, protagonistas de su propio empoderamiento hacia y para los medios de comunicación (Pérez-Tornero, 2004).

Referencias

Bringué, X. y Sádaba, Ch. (2012). Nacidos digitales: una generación frente a las pantallas. Madrid: Rialp.

Bringué, X. y Sábada, Ch. (2011). Menores y redes sociales, Foro generaciones interactivas, Madrid.

Caldeiro, M. C y Aguaded, J. I. (2015a). Alfabetización comunicativa y competencia mediática en la sociedad hipercomunicada. *Ridu, 9 (1)*. Pp. 45-64. (http://goo.gl/Kf8yVw)

Caldeiro-Pedreira, M. C. & Aguaded-Gómez, I. (2015b). 'Estoy aprendiendo, no me molestes' la competencia mediática como forma de expresión crítica de nativos e inmigrantes digitales. Redes.com, 12. Recuperado de http:// goo.gl/2ORkf1

Comisión Europea (2011). *Testing and Refining Criteria to Assess Media Literacy Levels in Europe. Final Report.* European Commission. Recuperado de https://goo.gl/4WJXRS

DOUE (2009). Recomendaciones sobre la alfabetización mediática en el entorno digital para una industria audiovisual y de contenidos más competitiva y una sociedad del conocimiento incluyente. Recuperado de https://goo.gl/JbzR6e

Ferrés J. (2006). La competència en comunicació audiovisual: proposta articulada

de dimensions i indicadors. *Quaderns del CAC, 25*; 9-18 Recuperado de https://goo.gl/eYPg1e

Ferrès, J., & Piscitelli, A. (2012). La competencia mediática: propuesta articulada de dimensiones e indicadores. *Comunicar, 19*(38), 75-82. DOI: http://dx.doi.org/10.3916/C38-2012-02-08

Freire, P. (1968). Pedagogía del oprimido. Recuperado de https://goo.gl/aQrZnh

Hernández-Serrano, M., Renés-Arellano, P., Graham, G. & Greenhill, A. (2017). From Prosumer to Prodesigner: Participatory News Consumption. *Comunicar, 50*, 77-88. https://doi.org/10.3916/C50-2017-07

Pérez-Rodríguez, M. A., Delgado-Ponce, A., García-Ruiz; R. y Caldeiro, M. C. (2015). *Niños y jóvenes ante las redes y pantallas*. Barcelona: Gedisa.

Pérez-Tornero, J. M. (2004). Promoting digital literacy. Understanding digital literacy. UAB-Comisión Europea, Barcelona.

Sánchez-Carrero, J. & Contreras-Pulido, P. (2012). De cara al prosumidor: producción y consumo empoderando a la ciudadanía 3.0. *ICONO14. 10* (3), 62-84. https://doi.org/10.7195/ri14.v10i3.210.

Sánchez-Carrero, J., & Sandoval-Romero, Y. (2012). Claves para reconocer los niveles de lectura crítica audiovisual en el niño. *Comunicar: Revista Científica de Comunicación y Educación, 19*(38), 113-120.

UNESCO (2011). *Alfabetización mediática e institucional. Currículum para profesores* Elaborated by C. Wilson, A. Grizzle, R. Tuazon, K. Akyempong & C.-K. Cheung. Paris: UNESCO. In https://goo.gl/SkSK3v.